Alexanderplatz

Nellja Veremej

Alexanderplatz

Berliner Orte

be.bra verlag

Tausend Dank an Gertraude Pohl, Doris Tüsselmann,
Eva Endruweit und Claudia Svensson, die so großzügig
Zeit und Wissen mit mir geteilt haben.

Nellja Veremej

Bibliografische Information der Deutschen Nationalbibliothek
Die Deutsche Nationalbibliothek verzeichnet diese Publikation
in der Deutschen Nationalbibliografie; detaillierte bibliografische
Daten sind im Internet über http://dnb.d-nb.de abrufbar.

© be.bra verlag GmbH
Berlin-Brandenburg, 2021
KulturBrauerei Haus 2
Schönhauser Allee 37, 10435 Berlin
post@bebraverlag.de
Lektorat: Ingrid Kirschey-Feix, Berlin
Umschlag: Manja Hellpap, Berlin
Satz: typegerecht berlin
Schrift: Stempel Garamond 10/14 pt
Druck und Bindung: GGP Media GmbH, Pößneck
ISBN 978-3-89809-181-7

www.bebraverlag.de

Inhalt

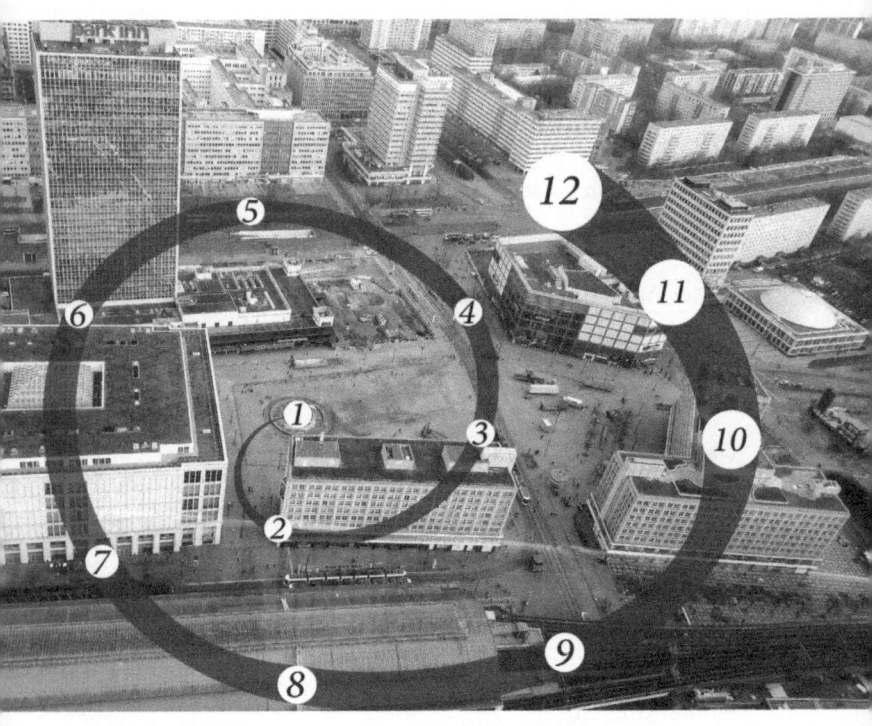

Die Schnecke bezeichnet den Weg über den Alexanderplatz

Was ich sehe, an einem hellen, frühen Morgen mitten auf dem Alexanderplatz – eine zugepflasterte Brache, mit Kastenhäusern umstellt. Die raren Bäume scheinen direkt aus dem Beton zu wachsen, kein Halm in Sicht, kein Blümchen. Es ist Sonntag, und die Geschäfte, die den Platz umringen, sind zu, daher bleibt die steinerne Wüste eine Weile menschenleer. Erst gegen Mittag füllt sich der Raum zwischen dem Brunnen der Völkerfreundschaft und der Weltzeituhr mit Müßiggängern – nach Kaffee und Kuchen süchtige Rentner mit Pusteblumen-Köpfen, kegelförmige Frauen mit ihren schnurrbärtigen Trabanten. Verwahrloste Menschen mit wüsten Blicken und vom Wind gegerbten Gesichtern, rot wie ein Hühnerkamm. Ich sehe junge Mütter mit bunten, langen Fingernägeln oder Burschen mit kessen, weiß besohlten Turnschuhen und schnellen Blicken oder Mädchen mit engen Jeans und entblößten Bäuchen: Sehen und gesehen werden!

Aber das ist nur eins der vielen Gesichter des berühmten Alexanderplatzes, der seine Stimmung und sein Mobiliar andauernd wechselt. Während der Jahrmärkte ist er eine laute enge Dorfkneipe; nachts, leergeräumt und menschenleer, ist er ein Wunder des urbanen Minimalismus.

Heute noch eine Flaniermeile, wird der Alexanderplatz morgen zum Brennpunkt exzessiven Konsums und großer Hektik: Immerhin gilt er als Zentrum des Berliner Ostens und größtes Transitareal der Stadt. Unter diesem Gesichtspunkt ist der Platz ein Knoten kommunizierender Röhren und Routen, die täglich

Hunderttausende durchschleusen – oben in der Luft, auf mehreren unterirdischen Ebenen und auf dem grauen Steinpflaster, zerschnitten durch die Straßenbahngleise. Die gelben schweren Trams tasten sich vorsichtig durch die Fußgängerzone, die Menschenmenge teilt sich vor ihnen kurz wie Meeresgewässer und schließt sich dahinter wieder. Er ist einer der größten Plätze Berlins und seine Dimensionen verleihen ihm eine enorme Kraft: Vieles potenziert sich hier ins Mehrfache: der Wind und die Hitze, die menschliche Kleinheit und das Gottverlassensein.

Wenn ich hier in der Mitte stehe, scheint der Platz unendlich und unförmig, seine Ränder zerfranst und uneben. Auf dem Stadtplan jedoch ist er ein akkurates Viereck, begrenzt von der Karl-Liebknecht-, Alexander-, Gruner- und Dircksenstraße mit ihren S-Bahnbögen, adrett und sachlich.

Eckig, grau, ärmlich – so war mir der Alexanderplatz auf den ersten Blick vor vielen Jahren erschienen, seine sozialistische Architektur mir gut vertraut und daher unspektakulär.

Auch als ich in eine Wohnung in Mitte umsiedelte und den Platz fast täglich überquerte, tat ich mich schwer damit, mein neues Revier lieben zu lernen. Erst Gespräche mit Freunden, die ihre Kindheit unweit vom Alexanderplatz verbracht hatten, erhellten und beseelten für mich einige seiner Ecken und Winkel.

Die ultimative Wende in meiner Beziehung zu diesem Ort bewirkte jedoch Literatur, an erster Stelle Alfred Döblins Roman *Berlin Alexanderplatz* aus dem Jahre 1929. Es ist die Geschichte von Franz Biberkopf, einem Arbeiter und späteren Zuhälter, und wie er sich irrte, kämpfte und zugrunde ging. Der Schauplatz seines Scheiterns war die ärmliche östliche Mitte mit ihrem Herzstück, dem Alexanderplatz: damals ein krimineller Sumpf, Arena des Klassenkampfes, Konsumparadies, moderner Verkehrsknoten und permanente Baustelle.

Der Krieg vernullte alle diese Erfahrungen, und alles, was hier davor gewesen war – das Kurvige, Einmalige, Verrußte, zufällig Zusammengewachsene –, wurde im Zweiten Weltkrieg beschädigt und dann später abgetragen. Lediglich der Bahnviadukt überlebte und die sich an ihn schmiegenden grauen Gebäude aus der späten Weimarer Republik, die Behrens-Häuser, ansonsten erinnert hier nichts an früher – neue Gebäude, Postadressen, Blickachsen.

Im geteilten Deutschland verpasste sich der Alexanderplatz eine neue futuristische Identität, wurde modernes Hauptstadtzentrum, wuchs in die Breite und in die Höhe. Die Geister der Vergangenheit schienen für immer begraben, aber nach der Wende erwachten sie wieder und der heutige Alexanderplatz ist erneut, wie vor hundert Jahren, eine Lokalität kleiner irdischer Freuden und Sorgen, ein sozialer Brennpunkt, eine ewige Baustelle.

Während ich viele Stunden mit dem Buch von Alfred Döblin verbracht habe und mehrere Tage lang Franz Biberkopf auf seinen Irrwegen folgte, habe ich den Alexanderplatz kennen und lieben gelernt. Die Stimmen und Bilder aus diesem großartigen, übervölkerten Roman haben meine persönliche Erinnerung verlängert und bereichert. Heute ist es mir, als schritte ich seit hundert Jahren über den Alexanderplatz – einen Ort der Unruhe, der Wende, des Umbruchs.

Der Alexanderplatz mit Brunnen, 2020

1

Am Brunnen.
Auge des Hurrikans

Ich erinnere mich gut an meine erste Begegnung mit dem Alexanderplatz an einem Herbsttag 1994. Ich war neu in der Stadt, in einem anderen Bezirk beheimatet und hatte mich auf dem unbekannten ungemütlichen Platz beim Umsteigen verirrt. Mein Deutsch reichte nicht, um nach dem Weg zu fragen, ich wusste nicht wohin, blieb mitten auf dem Platz stehen, ich war verloren. Wenn ich heute an die neunziger Jahre zurückdenke, kommt mir zwangsläufig der Gedanke, dass wir alle etwas verloren waren, damals kurz nach der raschen Wende.

Die Welt stand Kopf. Die alte, verkrustete Wirklichkeit platzte vor den Augen, das neue Leben drang aus allen Rissen. Hier in Mitteleuropa suchten die Teile der zersprungenen Welt neu zueinander zu kommen, im Osten des einstigen Ostblocks flogen sie auseinander, beschädigt und verstümmelt von der mächtigen Explosion, deren Welle mich nach Berlin auf den Alexanderplatz verschlagen hatte.

In einem Anfall von Ratlosigkeit blieb ich also im Gewimmel fremder Menschen stecken und konnte nicht weiter. Da sah ich neben dem Brunnen plötzlich Dina, meine einstige Kommilitonin aus Leningrad, ich traute meinen Augen nicht.

Dina war Glück und Schmerz meiner Jugend gewesen. Aus der tiefen südlichen Provinz nach Leningrad gekommen, hatte ich das Zimmer mit fünf anderen Studentinnen geteilt, ich stand noch auf einer der unteren Streben der sozialen Leiter. Dina dagegen lebte fast unter den Wolken: in einer großen Altbauwohnung, mit Eltern, die um die Liebe ihrer einzigen Tochter wetteiferten. Die beiden unterrichteten Philosophie bei uns an der Universität. Die Mutter rauchte starke filterlose Zigaretten und trug Jeans, der Vater einen grauen Anzug, wie es einem Propheten des Dialektischen Materialismus ziemte. Meine Freundin war rund herum gut verpackt, wie teure Stückware aus edlem Porzellan, ich war neidisch und fühlte mich minderwertig.

Dann aber hätte ich Dina fast übertrumpft, als ich begann, mit Sascha auszugehen, einem schönen und klugen jungen Mann. In der benachbarten Bergakademie, wo er studierte, war er ein Superstar. In Seminaren glänzte er mit Leistungen, auf den Straßen fiel er mit schöner Kleidung auf und mit seinem breiten Lächeln. Hinter seinen Schultern neben dem Rucksack baumelten Tennisschläger, was seinen Charme um eine Note reicher machte. Ich kann nicht beschreiben, wie stolz ich auf ihn war. Wir waren verliebt und immer zusammen, bis Sascha eines Tages meine beste Freundin Dina an meiner Seite sah – danach verschwanden die beiden für einige Jahren aus meinem Leben.

»Ihre Wimpern sind ungewöhnlich lang, findest du nicht?« – hatte er mich zur Seite schauend gefragt. Ja, das waren sie – seidig und gewunden wie bei einer kostbaren Puppe. Jetzt aber, hier auf dem Alexanderplatz, waren ihre von Tränen nassen Wimpern wie Pfeile, wie die Dornen des Stacheldrahts, unordentlich und abweisend.

Und auch sonst war es nicht mehr die Dina, die ich vor zehn Jahren hatte sein wollen. Ihr Haar – einst hell und luftig, war jetzt dunkel und platt, ihre Haut blass, ihre verweinten Augen schmal. Dina stand reglos da, auch als sie mich näherkommen sah. Ihre Grußworte waren matt und knapp, als ob wir uns auf einer Leningrader Straße begegnet wären.

Blick auf den Brunnen, 2008

Sie sagte, sie sei auf dem Weg nach Dresden, müsse aber ihre Reise unterbrechen und nun nach Hause zurückkehren, denn ihre Eltern waren an diesem Morgen gestorben.

»Aus dem Bus gestiegen und vom Auto erwischt«, sagte Dina.

Ich murmelte so etwas wie »unmöglich« und »undenkbar«, aber ihr Tod überraschte mich nicht.

Kurz vor der Abfahrt nach Berlin hatte ich Dinas Eltern in Leningrad (das inzwischen Sankt Petersburg hieß) gesehen und kaum wiedererkannt – so verloren hatten sie auf mich gewirkt, so überflüssig. Ihr mit Marxismus durchtränktes fachliches Wissen hatte keinen Wert mehr, und das schien die beiden stark getroffen zu haben. Sie aßen runde Kuchen in einem kleinen Stehcafé im Zentrum, ich stand draußen. Es war ein trüber Tag im Winter,

ihre aufgeknöpften Mäntel schienen zu groß für ihre zusammen-
geschrumpften Schultern und Hälse, wie Schildkrötenpanzer,
was ihre Gesichter viel älter und kleiner machte, als sie vielleicht
waren. Plötzlich brach die Sonne durch, blendete mich für einen
Augenblick. Als ich dann wieder ins Café hineinschaute, waren
sie auf wundersame Weise verschwunden, weg, wie aufgelöst
und das hatte sich damals wie ein böses Omen angefühlt.

Ich versuchte Dina zu trösten, mein Beileid war ehrlich, aber
mir fiel es schwer, ihr in die Augen zu sehen.

»Ich muss zum Flughafen«, sagte sie.

»Und Sascha?«, fragte ich, wohl wissend, dass sich die beiden
vor kurzem hatten scheiden lassen.

»Wir sind nicht mehr zusammen. Weiß du das nicht?«

»Oh!« Mit vorgetäuschtem Staunen legte ich eine Handfläche auf den Mund, aber es gelang mir nicht, die niederträchtigen
Worte einzudämmen, die mich hinterher anwiderten.

Ich erzählte, dass ich einen Job und einen Freund hatte, dass
wir seit kurzem zusammengezogen waren, in eine Altbauwohnung mit großen Fenstern und Stuckverzierungen an der Decke.
Und dass meine Mutter uns bald besuchen kommen würde …
Auch als Dina ein paar Schritte fortging, ohne sich zu verab-
schieden, lief ich ihr ein Stück hinterher und konnte nicht aufhören zu reden.

Dina war weg, ich blieb stehen und musste mit einem kurzen
Schwindel kämpfen. Mir war, als ob die Erdkugel sich schneller
drehte und ich das alte Zeitalter vergehen sah und das neue ein-
treten.

Das Gefühl, die Welt rotiere um den Brunnen der Völkerfreundschaft, sucht mich auch heute heim, wenn ich an den
alten Alexanderplatz denke, wie er vor und nach der Wende
war. Damals war das Pflaster hier mit großen Farbstreifen ge-

schmückt, die um das runde Brunnenbecken wirbelten und die Fußgängerzone umfassten. Das Muster, welches das große Areal architektonisch zusammenhielt und strukturierte, war zu groß, um von den Vorbeieilenden wahrgenommen zu werden. Nur aus der Höhe ließ sich der Wirbel aus helleren und dunkleren Steinstreifen erkennen und das runde Brunnenbecken wie ein Hurrikan-Auge. Der Platz selbst war wie ein riesiger Trichter, der die ahnungslosen Passanten einzusaugen drohte oder auseinander zu schleudern, in alle Himmelsrichtungen.

Jedes Mal, wenn ich vom Fernsehturm hinunterschaue, mache ich mir Sorgen um die kleinen Menschen da unten, auch heutzutage, wo die wirbelnden Kraftlinien um den Brunnen unter frischem, sandfarbenem Pflaster verschwunden sind.

2

Der Mann mit dem Bauchladen.
Wendezeiten

Der Großstadtroman »Berlin Alexanderplatz« spielt in den wirren Goldenen Zwanzigern in Berlins Osten.

Hier die Geschichte in Kürze: Franz Biberkopf, ein kräftiger Arbeiter, verliert seinen Job und schlägt sich als Zuhälter durch. In einem Wutanfall schlägt er Ida (seine Geliebte und »Angestellte«) tot[1] und muss für vier Jahre hinter Gitter. Wir lernen ihn am ersten Tag der Entlassung kennen: »*So ist der Zementarbeiter, später Möbeltransportarbeiter Franz Biberkopf, ein grober, ungeschlachter Mann von abstoßendem Äußern, wieder nach Berlin und auf die Straße gekommen, ein Mann an den sich ein hübsches Mädchen aus einer Schlosserfamilie gehängt hatte, die er dann zur Hure machte und zuletzt bei einer Schlägerei tödlich verletzte. Er hat aller Welt und sich geschworen, anständig zu bleiben. Und solange er Geld hatte, blieb er anständig. Dann aber ging ihm das Geld aus, welchen Augenblick er nur erwartet hatte, um einmal allen zu zeigen, was ein Kerl ist.*«

Man schreibt Herbst 1927. Zurückgekehrt in sein Revier rund um den Alexanderplatz, beginnt Franz Biberkopf als Straßenhändler zu arbeiten, nebenbei betreibt er wieder Zuhälterei, gerät in den Sog krimineller Machenschaften und geht zu Grunde, wie bald darauf auch die kurzlebige Weimarer Republik.

Der Alexanderplatz von Franz Biberkopf war mit alten und überbevölkerten Wohnblöcken umstellt, die als schmutzig und gefährlich galten. Die anständigen Berliner hielten sich fern von diesen Orten, Franz Biberkopf aber fühlte sich hier wie ein Fisch im Wasser. Mit seinen Augen und Ohren erkundete ich während meiner Lektüre die damalige Linien-, Münz- und Invalidenstraße wie auch viele andere Straßen, deren Namen von der heutigen Stadtkarte wegradiert sind.

Nicht nur seine Umgebung, sondern auch der Platz selbst sah damals anders aus: er war viel kleiner, enger mit Häusern umstellt und stark befahren. Die Alexanderstraße, die ihn im Osten abgrenzte, verlief ungefähr zwischen dem heutigen *Galeria Kaufhof* und dem Hotel *Park Inn*[2] und kreuzte sich mitten auf der heutigen Fußgängerzone mit anderen Routen. Das Herzstück des damaligen Platzes war ein Knoten aus Gleisen und Fahrbahnen. Für die Fußgänger, die sich in das laute tobende Verkehrschaos wagten, gab es kleine Bojen: die Berolina-Statue, den Tabakkiosk und das WC-Häuschen.

Die beiden Häuser des Architekten Peter Behrens waren 1928 noch nicht da, an ihrer Stelle beherrschten vier repräsentative Bauten aus der Kaiserzeit den Platz: das *Kaufhaus Tietz,* das *Grandhotel Alexanderplatz,* die Georgenkirche und das Polizeipräsidium. Die wichtigsten Achsen des alten Platzes waren die Neue Königsstraße und die Alexanderstraße.

Der damalige Platz lebte im Kraftfeld dieser vier Riesen, die durch ihre Monumentalität und verschnörkelte Architektur stark abstachen, vor allem neben den bescheidenen niedrigen Häusern aus dem 18. Jahrhundert. In einem von ihnen (neben der heutigen Weltzeituhr) mietete das Schnellrestaurant *Aschinger* Räume (später zog es ins Alexanderhaus an der gleichen Stelle), eine der vielen Filialen der bekannten gastronomischen Kette.

Das populäre Restaurant bot billiges und nahrhaftes Essen in sauberem, solidem Ambiente: Bier, Würste und Erbsensuppe waren beliebt, und dazu gab es Schrippen, so viel wie in eine

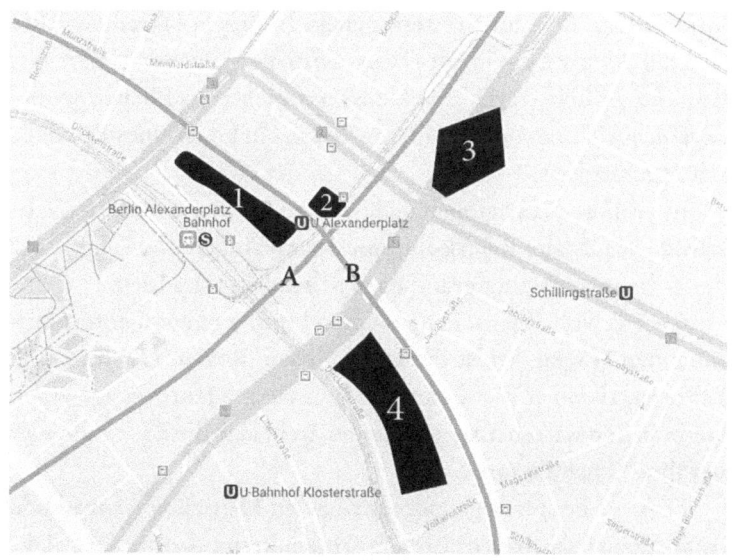

Am Alexanderplatz in den zwanziger Jahren: Kaufhaus Tietz (1), Grandho-
tel (2), Georgenkirche (3), Polizeipräsidium (4) sowie Neue Königstraße (A)
und Alexanderstraße (B)

oder einen hineinpassten: »*Wer keinen Bauch hat, kann einen*
kriegen, wer einen hat, kann ihn beliebig vergrößern.«

Biberkopf war ein kräftiger dicker Mann, er aß gerne und
verabredete sich bei Aschinger mit Freunden und Geliebten – für
ihn, der von Stube zu Stube streunte, war die Gaststätte sein Salon, sein Anhaltspunkt. Hier war noch alles beim alten, als Franz
aus dem Knast zurückkehrte, aber der Platz selbst war nach vier
Jahren seiner Abwesenheit nicht mehr zu erkennen: viele alte
Häuser waren verschwunden oder hatten sich in Schuttberge
verwandelt, dazwischen lagen abgesperrte Baugruben.

Im zwanzigsten Jahrhundert erlebte jede Generation Berliner
eine Großbaustelle auf dem Alexanderplatz, auch Franz Biber-

kopf musste nun auf Brettern gehen. In diesen Jahren schickte sich der Alex an, ein idealer Weltstadtplatz zu werden. Eine fast dauernd gefüllte Verkehrsschleuse auf mehreren Ebenen wollte er sein, ein Wunder der Moderne, bebaut in Form eines Rondells mit Hochhäusern.[3]

Aber diese Pläne gingen nicht auf, genauso wie die guten Absichten von Franz Biberkopf, mit dessen Augen und Ohren wir den Schauplatz seines grandiosen Scheiterns erkunden.

Gereizt vom Menschengewimmel und eingeschüchtert von tobenden Wagen, kreist Franz durch sein Revier, verblüfft und verloren, als ob er nicht vier, sondern vierzig Jahre weggewesen wäre: In den wirren mageren Zeiten dreht sich die Erde schneller um ihre Achse als sonst.

Er ist viel unterwegs, begegnet vielen Menschen – Invaliden, osteuropäischen Juden, Linken, Hakenkreuz-Armbinden-Trägern, Dieben, Mördern, Prostituierten – sie flüstern, fluchen, schreien und den Takt zu dieser Stimmen-Kakophonie schlagen Baugeräte:

»Rumm rumm wuchtet vor Aschinger auf dem Alex die Dampfmaschine. Sie ist ein Stock hoch, und die Schienen haut sie wie nichts in den Boden.«[4]

Die Wege von Franz Biberkopf über die Baugruben sind schmal, elend und unsicher: Er wandert durch die Lokale, verkauft Schlipshalter, verbreitet auf dem Alexanderplatz erst Zeitschriften für sexuelle Aufklärung, dann völkische Blätter.

Später streift er mit einem Bauchladen voll Schnürsenkel durch die Straßen. Das Geschäft läuft gut, aber durch Betrug geht ihm eines Tages eine ganze Ladung Ware verloren. Er muss untertauchen, verkriecht sich in seiner neuen Stube in der Linienstraße; später beteiligt er sich unwissentlich an einem Diebstahl, verliert seinen rechten Arm und gibt sich geschlagen.

Die Geschichte von Franz Biberkopf zog mich sofort in ihren Bann, ich schlug das Buch auf einer beliebigen Seite auf und konnte nicht aufhören zu lesen: so sehr erinnerte mich der fiebrige Alltag der Berliner zwanziger Jahre an das Leben im Leningrad meiner Jugend.

Als ich 1994 nach Berlin umsiedelte, tauchte ich in den Strom der deutschen Neunziger, und die Perestroika-Jahre lebten in meiner Erinnerung verschwommen und diffus, wie ein grausamer und pittoresker Traum, den ich weder rekonstruieren noch abschütteln konnte. Noch schlimmer war, dass dieser grausame Perestroika-Film für meine Familie und Freunde in Russland nicht aufhören wollte, während mein Leben in der Wende von Tag zu Tag besser wurde. In Berlin wuchsen die zerrissenen U-Bahn-Netze zusammen, die Wunden entlang der abgetragenen Mauer heilten, während Petersburg sich flächendeckend in einen Slum verwandelte. Die deutsche Wende und die sowjetische Perestroika, die allgemein als Synonyme galten, entfalteten sich in meiner Wahrnehmung als entgegengesetzte Begriffe: immer besser versus immer schlimmer.

Das war nicht immer so gewesen – eingangs, in der Phase des Urknalls, herrschen auf der Achse Berlin–Warschau–Moskau Euphorie und Hoffnung auf totalen Frieden und Wohlstand, Perestroika und Wende tanzten Tango und wirkten verliebt und versöhnt. Aber nach einem kurzen Anfall von Harmonie brach der Kontinent wieder entzwei. Der politische Westen wuchs zusammen, stabilisierte sich, wurde kräftiger. Der politische Osten brach auseinander – Teile meiner Verwandtschaft lebten nun im benachbarten Ausland und alles rutsche immer weiter in Chaos und demütigende Armut.

Wie schön, jetzt ist der Sowjetmensch frei, stimmte ich meinen deutschen Freunden zu, teilte aber ihre Begeisterung immer weniger: Kann die Freiheit glücklich machen, wenn dem Sklaven die Fußfessel mit dem Fuß zusammen abgehackt wird?

Ich wollte nicht Spaßverderberin sein oder rückwärtsgewandt wirken und behielt meine Zweifel für mich, aber diese Asymmetrie der Wahrnehmung quälte mich. In dem Roman von Alfred Döblin fand ich einen perfekten deutschen Gesprächspartner, ich las das Buch als Chronik eines untergehenden Staates, Bilder, Empfindungen und Dialoge schienen mir gut vertraut, so sehr ähnelte das Berlin der Goldenen Zwanziger dem Leningrad–Sankt Petersburg meiner Jugend.

Die Krankheitsanamnese war die gleiche: ein rascher Kurswechsel von einer konservativen zu einer liberalen Ordnung, Demütigung nach verlorenem Krieg, eine prekäre wirtschaftliche Lage, Zersplitterung und Umschichtung der Gesellschaft. Für die Armen, die immer mehr und immer ärmer wurden, fühlte sich die verordnete Emanzipierung wie Verwahrlosung an – das alles kannte ich gut, in meiner Jugend war ich von Biberkopfs umgeben.

Wie Franz auf dem zerwühlten Alexanderplatz 1928 balancierten auch wir auf schmalen Brettern über tiefen Gruben, Perestroika heißt übersetzt Umbau.

Wie auch er waren meine Verwandten und Nachbarn zu langsam und zu schwerfällig, um mit der beschleunigten Zeit Schritt zu halten; sie waren zu hart, um die Konturen ihrer Persönlichkeit im Nu neu zu gestalten. Keine Arbeit, eine Tsunami-Welle billiger bunter Waren, launisches und trügerisches Geld. Im Fernsehen tobten Magier, Possenreißer, Baptisten, Kommunisten, Evangelisten, Kapitalisten, Wahrsager, Astrologen, dazwischen drängelten sich dreiste Werbung und gruselige Kriminalchroniken. Mord, Rock, Straßenkinder, Straßenhändler mit Bauchläden überall – wir alle schwebten zwischen Begeisterung,

Furcht, Hoffnung und Verzweiflung. Die Jugend bekämpfte ihre Ängste mit Rauschmitteln, ihre Eltern versuchten den Schreck mit exzessivem Essen zu betäuben.

Das Leben auf der Straße war bunt, farbig, vital und gewaltsam wie im Mittelalter. Wenn der Staat schwächelt, fangen die Bürger an, übermäßig viel Unrecht und Gewalt zu verüben – ihren Nächsten und sich selbst gegenüber. Unser Nachbar, der fleißige Handwerker, der Jahrzehnte für einen PKW gespart hatte, erhängte sich – die Inflation hatte seinen Lebenstraum verschlungen und seinen Glauben an Gerechtigkeit.

Aber es gab auch eine andere Menschensorte, die Findigen, die wie aus einem anderen Teig gebacken waren, sie witterten im Chaos ihre Chance und stürzten sich in den Kampf ums große und schmutzige Geld. Die ganze Palette ihrer Machenschaften, von banaler Schutzgelderpressung auf einem Straßenbasar bis zur Beschlagnahmung von Metallfabriken und Goldminen, nannten diese Menschen auf Amerikanisch »Business«.

Ihre Dienstwagen waren Jeeps und ihre Uniformen – himbeerrotes Sakko und Schlips. Sie waren skrupellos, furchtlos und böse, ganz wie die falschen Freunde von Franz Biberkopf, die ihn für ihre Geschäfte ausnutzten und kaltblütig unter die Räder stießen.

Die »Unternehmer« ließen sich gegenseitig sprengen, einmauern, zerstückeln, lebendig begraben oder banal erschießen, oft pauschal mit der ganzen Familie, nichtsdestotrotz lagen den Goldgräbern Frauen in Scharen zu Füßen und in ihren Jeeps erhoben sich die jungen Marodeure über das gemeine Fußvolk wie Ritter hoch zu Ross.

Alle beneideten sie und viele junge Männer ahmten diesen Habitus nach, trugen rote Sakkos und einen Schlüsselbund in der Hand. Aber meistens waren sie zu weich für die harten Geschäfte und scheiterten kläglich und andauernd wie Sascha, mein Geliebter, den ich an meine Freundin Dina abtreten musste.

Als wir 1988 mit dem Studium fertig waren, ging nur ein Bruchteil der frisch Diplomierten in den Schuldienst, wie es vorgesehen war. Mich hat das Leben nach Berlin herauskatapultiert, Dina fand eine Stelle bei der neu eröffneten Sankt Petersburger Niederlassung von »Coca Cola«, eigentlich wegen ihrer Englischkenntnisse, bald aber offenbarten sich ihre anderen Talente. Sascha, der als Dozent bei der Bergakademie hätte bleiben können, verwandelte sich in einen Abenteuerkapitalisten. Er zog ein rotes Sakko an und kaufte tausend Rückenkratzer aus sibirischer Zeder mit der verschnörkelten Inschrift »From Russia with love«. Seine Ware bot er westlichen Touristen an, von denen es damals auf den Sankt Petersburger Straßen nur so wimmelte. Der fünfhundertprozentige Gewinn verdrehte ihm den Kopf, fixte ihn so stark an, dass er nicht mehr imstande war, mit seinen Geschäften aufzuhören, auch nicht, als ein Misserfolg auf den anderen folgte. Er handelte mit holländischen Blumen, mit deutschen Secondhand-Kleidern, mit gepanschtem »spanischem« Olivenöl oder mit Prostituierten, die er als Tanzgruppen oder Chöre getarnt unter dem Label »Kulturgut« nach Bosnien und in die Türkei exportierte. Von Projekt zu Projekt versank er immer tiefer im Schuldensumpf, dafür aber wurde er immer besser in der Kunst, die Erscheinung eines erfolgreichen Geschäftsmannes nachzuahmen, auch vor uns, denen er Geld schuldete. Die waghalsigen Geschäftsideen wurden zu seiner Manie, er redete über nichts anderes. »Ich weiß nicht, ob er bemerkt hat, dass wir uns getrennt haben …«, erzählte mir Dina Jahre später über ihre Scheidung.

Als ich vor zehn Jahren eines warmen Sommertages plötzlich seine Stimme im Telefon hörte, konnte ich lange nicht verstehen, mit wem ich sprach.

Er war geschäftlich in Berlin unterwegs und schlug vor, dass wir uns auf dem Alexanderplatz treffen.

»Eine Ewigkeit nicht gesehen?« – »Dreizehn? Nein, fünfzehn Jahre!« – »Mensch!« Wir machten uns auf in den *Zille-Garten* auf dem Gelände neben dem Hotel *Park Inn* und bestellten Bier. Akkurate Frisur, schneeweißes Hemd, leichte graue Hose und elegante Sandalen aus glatten Lederriemen – in dem schlichten und schäbigen Biergarten sah Sascha fehl am Platz aus, eine Jacht hätte besser zu ihm gepasst.

Ich gab kurz Auskunft über mein Berliner Leben, meine Frage erwiderte er mit dem knappen Statement, dass er nicht verheiratet sei und immer noch bei seiner Mutter in Petersburg wohne. »Ihretwegen«, fügte er trocken hinzu. »Ich kann mir natürlich eine eigene Wohnung leisten, und nicht nur eine.«

Wir redeten über dieses und jenes, für einen Augenblick glaubte ich, dass er erwachsen geworden sei, seine Berufung endlich gefunden hatte. Aber als ich fragte, was ihn nach Berlin geführt habe, und er das Wort »tolle Geschäftsidee« in den Mund nahm, bemerkte ich den alten manischen Funken in seinen runden Augen.

»Nein, nein!«, erwiderte er mein Hüsteln mit energischem Kopfschütteln. »Kein Unsinn wie früher, da kaufen und hier verkaufen, nein! Ich lasse Grillwalker – solche wie hier auf dem Alexanderplatz – in Sankt Petersburg herumlaufen, das ist eine sichere Sache und ein solides Geschäft! Zwei Geräte sind meine, hier, schau mal hier ...«, er wühlte in seiner Handtasche, groß wie ein Buch in Krokodilleder-Optik. »Hier der Vertrag mit dem Patentträger, hier der Stempel, später kaufe ich mehr davon ...«

Diesmal klang es tatsächlich nicht schlecht, und ich ließ mich von seinem Optimismus anstecken. Wir schmiedeten kühne Pläne für sein Geschäft und lachten so laut, dass wir die wenigen anwesenden Biergartengäste verscheuchten.

Seitdem habe ich lange nichts von ihm gehört, ich war fest davon überzeugt, dass Saschas Plan aufgegangen war. Aber neulich erzählte mir Dina, mit der ich ab und zu telefoniere, dass sie Sascha in der Kirche begegnet sei, wo er nach dem Gottesdienst in eine runde, flache Schale Spenden für die Gemeinde sammelte.

Er hatte seine Ex-Ehegattin nicht erkannt, oder er tat so, aber in den darauffolgenden Tagen rief sie ihn an und besuchte ihn. Er wohnte in der alten Wohnung seiner inzwischen verstorbenen Mutter, aber er selbst war neu. Er hinkte und sein rechter Arm war dünn und fast unbeweglich, das waren die Folgen eines Unfalls im Jahr 2008, kurz nachdem wir uns in Berlin getroffen hatten. Mit seinen zwei Grillapparaten war er mit der Eisenbahn nach Hause gefahren, und in der zweiten Reisenacht, als der Zug einen kurzen Stopp machte, war Sascha ausgestiegen, um zu rauchen. Er war dabei nicht allein und etwas betrunken, fiel vom Bahnsteig auf die benachbarten Gleise und wurde von einem Güterzug erwischt. Niemand glaubte, dass er sich von den schweren Verletzungen erholen würde, auch seine Mutter nicht – sie starb in den Tagen, als er auf Intensivstation lag.

Von Business wolle er nichts mehr hören, sagte er Dina, während er Schafgarben-Tee servierte. »Es schien wirklich so, als ob die Geschäfte ihm egal wären, genauso wirklich wie sein abgewetzter Hemdkragen und die löchrigen Filzpantoffeln!«

Am meisten war Dina von der Wohnung überrascht – die Tapeten waren dieselben wie vor vierzig Jahren, im Flur hingen Mäntel seiner Mutter und vor dem Spiegel lagen ihre Bürsten.

»Voll mit ihren Haaren! Stell dir vor! Und er: ein Schatten seiner selbst – verdammt!«, sagte Dina, die inzwischen Topmanagerin bei »Coca Cola« war und alles besaß, wovon Sascha früher geträumt hatte – mehrere Autos und mehrere Wohnungen. »Wer hätte damals denken können, dass er …«, sie suchte nach den richtigen Worten, die nicht zu abwertend oder böse wirkten, »dass er nach all seinen Weltreisen in der alten Wohnung seiner Eltern strandet.«

Nichts wunderte mich an der Geschichte, sie war mir gut bekannt, aber woher bloß?

Die Lösung kam, als ich den Hörer aufgelegte: zweifelsohne trat unser Sascha in die Spuren von Franz Biberkopf, dem schamlosen Glücksritter aus Berlin.

Von seinem Kumpanen Reinhold unter die Räder gestoßen, gerät Franz – verraten, verkrüppelt und verirrt – in die Irrenanstalt. Er hört die Stimme von Ida, die er umgebracht hat, sieht das Gesicht seiner geliebten Mieze, die seinetwegen starb. Franz hört den Tod singen und ist von seinem vorherigen Leben angeekelt. *Franz weint und weint, ich bin schuldig, ich bin kein Mensch, ich bin ein Vieh, ein Untier. Gestorben ist in dieser Abendstunde Franz Biberkopf, ehemals Transportarbeiter, Einbrecher, Ludewig, Totschläger. Ein anderer ist in dem Bett gelegen. Der Andere hat dieselben Papiere wie Franz, sieht aus wie Franz, aber in einer anderen Welt trägt er einen neuen Namen.*

P.S.
Auch heute, wie vor zehn oder hundert Jahren, ist der Alexanderplatz ein Ort einfacher gastronomischer Freuden – Wurst und Brot gaben hier den Ton an und zu Ostern und Weihnachten erst recht. Wenn das wandernde Schlaraffenland mit Marktbuden wegzieht, springen die Grillwalker ein, die Männer

Zwischen Brunnen und Bahnhof standen die Männer mit den Bauchläden

mit heißem Bauchladen, von dem sie Bratwürste mit Schrippen verkaufen.

Das Los eines Grillwalkers ist nicht leicht – wie ein Pferd in das Geschirr eingespannt, an einen Gasbehälter angeschlossen, schleppt er ein Dutzend Kilo; nur große Not kann einen Menschen in diese Lage manövrieren. Oder der Geist des Ortes, der sich eine Hommage an den weltberühmten Roman wünscht, der sich hier abgespielt hat. Den Beweis für diese These liefert die Tatsache, dass die Grillwalker sich an anderen Orten nicht behaupten konnten, diese Menschenspezies kommt nur hier vor, zwischen dem Brunnen der Völkerfreundschaft und dem Bahnhof. Der Mann mit dem Bauchladen ist ein fester Bestandteil meines Alexanderplatzes, ein lebendiges Denkmal an Franz, Sascha und an andere verlorene Söhne der Welt.

3
Berolina und Urania.
Frauen

Wenn wir Franz auf dem Weg begleiten, sehen wir stets Bauzäune, Sandberge und Gruben mitten auf dem Platz in einem nicht enden wollenden Umbau. Dass Menschen auf Brettern gehen, ist von hoher symbolischer Bedeutung in einem Roman, dessen Held immer wieder versucht sein Leben umzubauen und immer wieder in den kriminellen Sumpf abrutscht.

Halt sucht der verwirrte Franz in Frauen, und er findet ihn immer und mühelos. Biberkopfs Freundinnen dienen ihm hingebungsvoll als Lustobjekte, Geldquelle, Antidepressivum oder Wutableiter. An seinem ersten Tag in Freiheit verirrt sich Franz in ein Kino in der Münzstraße. *Elternlos, Schicksal eines Waisenkindes in 6 Akten* heißt der Film, der Franz in Erregung versetzt: *»Ick bin frei. Ick muß ein Weib haben. Ein Weib muß ick haben.«*

Das Angebot ist groß, aber er hat es eilig, nimmt sich eine beliebige Prostituierte, ein schwammiges stämmiges Weib und ist enttäuscht. Dann kauft er gleich eine andere: *»Die Schwarze ist gut, hat Hüften, knusprige Brezel.«* Mit der wird er auch nicht glücklich und macht sich Sorgen um seine Potenz. Ob vielleicht *Testifortan* helfen könnte, ein Wundermittel, das überall angepriesene und empfohlene Sexualtherapeutikum nach Sanitätsrat Dr. Magnus Hirschfeld und Dr. Bernhard Schapiro, Warenzeichen Nr. 365695?

Franz kommt dann aber ohne *Testifortan* zurecht – er *»frisst sich satt und schläft sich aus, und am nächsten Tag auf der Straße denkt er: die möchte ich haben und die möcht ich haben«*.

Er wird sie dann auch reichlich haben, denn der Wert der Frau und ihre Selbst-Wertschätzung waren damals extrem gering – Frauenfleisch wurde hier an jeder Ecke wie ein Schnitzel to go gehandelt.

Erholt geht er zu Minna, der Schwester seiner getöteten Freundin Ida, bedrängt und vergewaltigt sie und als Trost bringt er ihr dann eine neue Schürze (die alte hat er im Kampf mit ihr zerrissen), später schickt er ihr zwei große Scheiben Kalbsfilet rauf, als Liebeslohn.

Nun ist er wieder im Sattel, wird Straßenhändler und gabelt eine neue Frau auf: Die mollige Lina aus Polen hofft auf eine Verlobung, ist ihm treu und schafft ihm Geld ran, aber Franz ist ihrer bald überdrüssig und findet eine Neue, und dann fast nahtlos die nächste. Wider Willen in eine kriminelle Affäre verwickelt, verliert er einen Arm, aber das mindert seine Chancen auf bedingungslose Frauenliebe kaum. Eva, seine alte Freundin, umsorgt den Kranken, und da sie selbst schon liiert ist, serviert sie ihm ein anderes junges Mädchen – Emilie Parsunke aus Bernau.

Sie stellt sich als Sonja vor, Franz gefällt der Name nicht, er nennt sie Miezeken und ist von ihr entzückt: »… *die ist wirklich schnieke, prima, eins a, so wat stand noch nicht drin in seinem Kochtopf*«. Sie beziehen eine gemeinsame Stube, wo Sonja für Ordnung und Gemütlichkeit sorgt. Franz liebt sie und wenn die zahme und zarte Mieze auf eigene Faust anschaffen geht (um ihrem »Franzeken« feine Zigarren schenken zu können), wird er eifersüchtig und späht sie aus.

»*Vor Aschinger an der Seite vor einem Photographenkasten sieht er die kleine Mieze stehen, am Alex. Franz stellt sich auf die andere Seite, vor den Bauzaun, und sieht sie lange von hinten an. Sie geht zur Ecke, Franz verfolgt sie mit den Blicken. (…) Pass auf, jetzt wird sie gleich einer anquatschen! Die kleine stumpfe*

*Nase. Sie sucht. Ja, von drüben bin ich gekommen, von Tietz her,
hat mich aber nicht gesehen. Ein Brotwagen von Aschinger steht
im Weg. Franz geht am Bauzaun entlang bis zur Ecke, wo die
Sandhaufen liegen; sie machen Zement. Jetzt wird sie ihn sehen
können, aber sie sieht nicht rüber. Ein älterer Herr guckt sie immer an, sie sieht an ihm vorbei, wandert weiter nach Loeser und
Wolf [5] zu. Franz geht über den Damm.«*

Die Szene spielt im Juli 1928 unweit der heutigen Weltzeituhr.
Die Rammmaschine vom Februar ist weg, aber die Bauarbeiten
dauern an, der Platz wächst in die Breite und in die Tiefe. Viele alte Wohnblöcke sollten dem Umbau weichen, die spärlichen
Bäume in der südlichen Flanke waren weg und auch die *Berolina*, die weibliche Personifikation der Stadt Berlin, war zu diesem
Zeitpunkt verschwunden.

Seit 1895 hatte die über sieben Meter große kupferne Figur
auf dem hohen Granitsockel mittig auf dem stark befahrenen
Platz gestanden, ungefähr zwischen dem heutigen Brunnen der
Völkerfreundschaft und der Weltzeituhr. Die Stadtgöttin verkörperte das völkische Frauenideal – stark und korpulent trug
sie statt bourgeoiser Reizwäsche ein Kettenhemd, ihre Brust
schmückte das Amtszeichen des Stadtoberhaupts und ihren stol-
zen Kopf: Eichenkranz und Mauerkrone. Mit der Rechten hielt
sie ein stehendes Schild, ihre Linke mit nach oben geöffneter
Handfläche war ausgestreckt. Dieser grazilen Geste galt damals
viel Spott – einige behaupteten, sie zeige auf die Bedürfnisan-
stalt vor ihren Füßen, andere scherzten, die ausgestreckte Hand
weise den Weg in das Obdachlosenheim in der Fröbelstraße, so
untertitelte auch Heinrich Zille seine Darstellung der Berolina.

Mit seinen fünf Tonnen Gewicht konnte das Denkmal den
U-Bahn-Bau gefährden, so wurde es 1927 abgetragen, Franz Biberkopf notiert für uns die Abwesenheit der Berolina.

»*Alles mit Brettern belegt. Die Berolina stand vor Tietz, eine Hand ausgestreckt, war ein kolossales Weib, die haben sie weggeschleppt. Vielleicht schmelzen sie sie ein und machen Medaillen daraus.*«

Nicht nur die Berolina musste dem Ausbau des Platzes weichen, auch die alten Wohnblöcke wurden abgerissen, auch Aschinger würde bald sein altes Quartier verlassen.

»*Wo Altes verschwindet und Neues entsteht, siedelt sich in den Ruinen die Übergangswelt aus Zufall, Unrast und Not an*«, schrieb Franz Hessel, einer der großen Flaneure jener Zeiten, über den aufgewühlten Alexanderplatz im Jahr 1929. Auch er attestierte der Gegend viel Elend und Not: überall Bauzäune und Ruinen, die Keller abgerissener Häuser waren Schlupfwinkel für Obdachlose oder beherbergten improvisierte Basare voll Billigkram: in den unterirdischen Labyrinthen verkaufte man Konservengläser, Karbidlampen, Vogelkäfige und Papierkörbe, alte Zylinderhüte und Lampenanzünder, Russenkittel, »*kaum getragene Schuhe*«.

»*Auch die Oberwelt ist voll fliegenden Handels*«, setzt Franz Hessel seinen Bericht fort und schildert eine rührende Szene: »*Am Zugang des Georgenkirchplatzes, wo im Regen frierende Dirnen um die Ecke schleichen und starr stehen, sah ich in der Zaunlücke des Abbruchs eine graue Alte den armen Geschöpfen weißleinene feste Unterbeinkleider hinhalten. Das sollten sie gegen die Kälte über die durchbrochene ›Reizwäsche‹ ziehen.*«

Biberkopf irrte sich – Berolina, die fleischige Göttin, wurde lediglich in einem Lager versteckt und tauchte später wieder auf, als die beiden Behrens-Bauten schon da waren. Einer von ihnen wurde nach der verschwundenen Berolina benannt, aber die Statue kehrte nicht an ihren früheren Standort zurück, sondern wurde vor dem Alexanderhaus aufgestellt.

Die Berolina an ihrem neuen Standort auf dem Alexanderplatz, um 1937

Der Zeitpunkt ihres Wiedererscheinens – das Jahr 1933 – verändert für uns Heutige die Lesart dieses Kunstwerks: Ihre grazil ausgestreckte Hand verwandelt sich plötzlich in eine Geste des Hochmutes und ihr Eichenlaubkranz, ihre kräftige Hüfte und ihr tadelloses Gesicht scheinen einen Hauch grässlicher Hitler-Ideologie in sich zu tragen. 1942 aber wurde die Berolina dann endgültig abgetragen und allem Anschein nach zu Kriegszwecken eingeschmolzen.

An ihrer Stelle befindet sich heute die Urania-Weltzeituhr, eines der markantesten Wahrzeichen Ostberlins. »Zeit darstellen« – so hatte der Designer Erich John seine Aufgabe formuliert, und die Lösung sieht so aus: ein Zylinder mit 24 Eckseiten, beschriftet mit Städtenamen aus den jeweiligen Zeitzonen, ihre aktuelle Uhrzeit wird durch eine unmerklich rotierende bunte Zahlenskala angegeben.

Die Säule unter dem Zylinder ähnelt einem Pilzfuß, gekrönt wird die Konstruktion durch die vereinfachte Darstellung des Sonnensystems, dessen Planeten samt ihren Bahnen eine rotierende Wolke bilden. Der Saturn mit seinem markanten Ring spielt einen Großzeiger: eine Umdrehung auf seiner Bahn gleicht einer Minute – eine Erinnerung daran, dass unsere irdische Zeit ihren Lauf im Weltall nimmt.

Die Weltzeituhr wurde 1969 aufgestellt, im darauffolgenden Jahr entstand der Brunnen der Völkerfreundschaft, eine Arbeit von Walter Womacka.[6]

Diese beiden von futuristisch-kosmopolitischer Ästhetik angehauchten Kunstwerke sollten den etwas kahl geratenen Vorzeigeplatz der Hauptstadt der DDR lebendiger und schmucker erscheinen lassen. Auch heute noch sind die beiden Objekte Publikumsmagnete, die imaginäre Luftlinie zwischen ihnen hält das Innere des Ensembles zusammen, sie ist eine Kraftachse, so stark geladen, dass in ihrer Mitte eine provisorische Polizeiwache platziert werden musste.

Die Wache ist neu, aber ihre Schatten greifen zurück in die wilden Zwanziger, als die anständigen Bürger einen Bogen um den Ganoven-Alex machten, um den herum Armut herrschte. Das Scheunenviertel ist heute wohlhabend, die Wohnungen in der Umgebung begehrt, aber immer noch spielt der Platz in den Berliner Kriminalberichten eine prominente Rolle. Größtenteils sind es kleine Delikte, aber auch Morde durch Messer-Stechereien.

»Wer hat den 26-jährigen Edgar Orlovskij aus Litauen umgebracht?« An der Wand der Polizeistation hängt seit Monaten ein Farbfoto: roter Bart, grüne Augen, wacher Blick, schmaler Mund. Ich sehe das Porträt fast täglich – würde ich ihm auf der Straße begegnen, könnte ich diesen Menschen wie einen Nachbarn mit »Hallo« begrüßen. Aber das wird nicht passieren, denn am 19. März 2019 starb Edgar Orlovskij – in der Karl-Marx-Allee vor dem Alexanderplatz kam ihm ein unbekannter Mann entgegen und stach einfach zu.

Neulich ereignete sich auf dem Alexanderplatz sogar eine Massenschlägerei, die breite mediale Resonanz auslöste, auch weil sie durch eine fortschrittliche Note gekennzeichnet war: Der erste Akt des Tumults wurde digital ausgetragen, als sich zwei Influencer – Bekir und Bahar – einen verbalen Zweikampf in der YouTube-Arena lieferten. Erst danach versammelten sich ihre Follower – mehr als 400 junge Menschen – auf dem Alexanderplatz, und der zweite Akt wurde der Öffentlichkeit live präsentiert. Die mehrstündige Schlägerei, die sich an einem Märztag 2019 ereignete, erinnerte mich an die politischen Straßenkämpfe vor hundert Jahren, aber die Bilanz des Events war harmloser: neun Verhaftungen, zwei Verletzte, und noch ein Stückchen »Ruhm« für den Alexanderplatz, der damit zum Austragungsort innovativer Straßenschlachten geworden war.

Das heutige City-WC (über 2,5 Millionen Besucher im Jahr!) ist der Nachfahre der Bedürfnisanstalten zu Füßen der Berolina.[7] Irgendwo in der Nähe stand damals auch der Tabakkiosk – dieses kleine Ensemble verschwand Ende der Zwanziger, als man die unterirdischen Bahnlinien und Durchgänge ausbaute.

Nichts erinnert hier heute an den Platz wie er damals, vor hundert Jahren, war. Nur der Tchibo-Laden im Erdgeschoss reimt sich vage mit dem Schnellrestaurant der Aschinger-Kette, der sich an dieser Stelle in einem alten Wohnblock und ab 1932 im *Alexanderhaus* befand.

Auch im sozialistischen Berlin wurde das Erdgeschoss des Alexanderhauses teilweise für gastronomische Einrichtungen genutzt: 1954 eröffnete hier das erste Selbstbedienungsrestaurant der DDR, der Automat-Imbiss. Über dem Eingang blinkte in blau-rot-weißem Wechsel eine minimalistische Leuchtschrift, der Saal wirkte nach der damaligen Mode funktional und schmucklos wie ein Maschinenraum. Gegen Bargeld erhielten Besucher Wertmarken, mit denen sie die passenden Speisen und Getränke aus den Automaten ziehen konnten – die ultra-futuristische Ästhetik schien Science-Fiction-Filmen abgeguckt.

Die radikale Umgestaltung der alten Mitte in den Sechzigern verknüpfte Ostberlin mit der Neuen Sachlichkeit der Zwanziger – die heute unbeliebte DDR-Moderne wirkte damals kühn, innovativ und funktional.[8] Bald aber ging dem kleinen abgeriegelten Staat die schöpferische Kraft aus, immer öfter geriet er in die Defensive und sah sich gezwungen, westliche Moden, Trends und Marken nachzuahmen. Anfangs gelang das auch gut – die Kettwurst, dem Hotdog nachempfunden, überholte mit ihrem kecken Äußeren das Original. Die DDR-Antwort auf den Hamburger war die Grilletta, die man im Lokal im Erdgeschoss am Alexanderhaus servierte: eine flache gegrillte Boulette, in Brötchen eingeklemmt.

Zu verschiedenen Zeitpunkten hausten hier auch andere Vorzeigebetriebe – eine Pizzeria, das Berliner Kaffeehaus, die Palatschinkenbar. Solch eine gastronomische Landschaft war für Besucher aus anderen sozialistischen Staaten damals eine wildwestliche Sensation.

Auch DDR-Bürger aus der Provinz waren vom Alexanderplatz und seinen futuristischen Fassaden und urbanen Freuden begeistert. Ostberliner aber, die ihre Kindheit in Mitte verbracht hatten, hielten den Imbiss-Automaten oder die Palatschinkenbar nur für vagen Abglanz des »wahren« Luxus, der einige hundert Meter weiter westlich, hinter dem Brandenburger Tor beginnen

Die Weltzeituhr mit dem Fernsehturm im Hintergrund, 1996

sollte. »Mochten die Palatschinken noch so gut schmecken, wir hätten damals Crêpes vorgezogen, allein des Klanges wegen …«, sagte eine Ostberlinerin, die ihre Kindheit unweit vom Alex verbrachte.

Bald, nachdem ich der verwaisten Dina auf dem Platz begegnet war, im Jahr 1996, kam mich meine Mutter in Berlin besuchen, wir machten Schnapsschüsse vor der Gedächtniskirche und vor der Weltzeituhr.

Schon im darauffolgenden Jahr wurde die Uhr restauriert, dabei wurde nicht nur die Mechanik erneuert, sondern auch das Weltbild von damals musste korrigiert werden. Einige Städte bekamen neue Namen, andere wanderten wegen politischer Präferenzen in die benachbarten Zeitzonen und dritte durften erst jetzt auf den Zylinder gedruckt werden – solche wie Athen, Bonn, Jerusalem und Tel-Aviv.

Ich liebe das Foto, wo wir beide – meine unverschämt junge Mutter und ich – sorglos in die Kamera lächeln, während über unseren Köpfen im blauen Himmel die alte Welt unmerklich fort schwebt.

4

Die Neue Königstraße.
Revolutionen

Behutsam drängt sich die gelbe Straßenbahn durch die Menge, rollt langsam an der Weltzeituhr vorbei. Entlang der heutigen Gleise verlief früher die stark befahrene Neue Königstraße[9], die tragende Achse des Platzes, sein Rückgrat, um das er langsam und eigenwillig, wie eine Korallenkolonie wuchs.

Mitten in der heutigen Fußgängerzone begegneten sich die Neue Königstraße und die anderen Routen und bildeten einen Knoten, um den sich der Umschlagort vor dem östlichen Tor organisierte.

Bei der großen Umgestaltung in den Sechzigern sollte der neue, vom Verkehr entlastete, ums Vierfache vergrößerte Alexanderplatz ein Ort der Begegnungen und der Freuden sein, ein Musterort für Volksfeiern, Jahrmärkte und Kundgebungen.

Anfangs erfüllte das Ensemble seine Funktion vorbildlich – die Weltzeituhr war in Ostberlin der Treffpunkt schlechthin, an dem runden Rand des Brunnens flirtete man gerne und blieb oft bis in die Nacht sitzen, auch während der »Weltfestspiele der Jugend und Studenten« im Sommer 1973. Ein »machtvolles Bekenntnis der Weltjugend zu Solidarität, Frieden und Freundschaft« sollte der große Event sein, aber für viele blieben die Tage eher ein Fest des Ungehorsams, der Freiheit, der ersten Küsse. Zugleich wurden die Weltfestspiele zu einem Eröffnungsfest für den nagelneuen Alexanderplatz, dem die Geschichte ein Aschenputtel-Wunder bescherte. Gestern noch ein unwirtliches Transitareal, heute ein Hauptstadtzentrum, beliebter Treffpunkt und Flaniermeile. Hier versammelten sich Menschen gerne bei jeder passenden Gelegenheit, besuchten Kundgebungen, Jahrmärkte, Basare und Konzerte. Das alles ging, wie es immer geht, bis es nicht mehr geht, und eines Tages füllte sich der Platz mit empörten und enttäuschten Bürgern, die mit ihrem kränkelnden und kompromittierten Staat abrechneten.

Das Gewitter hatte sich schon Monate vorher angekündigt. Als im Herbst 1989 die DDR den 40. Jahrestag ihrer Gründung feierte, mischten sich immer stärker besorgte Töne in das Loblied ein. »*Therapie gegen Landflucht*«, »*Wo wir Mängel selbst aufdecken, kann sich kein Gegner einnisten*« – solche Zeitungsartikel waren wie gefährliche Funken, die Löcher in das festliche Banner brannten, auch wenn sie auf hinteren Seiten und in winzigen Buchstaben gedruckt waren. Der Unmut platzte aus allen Poren, die eingeschüchterte Partei versuchte, ihr Gesicht dem Volke zuzuwenden, lud Bürger zu Sonntagsgesprächen – in der vollen Kongresshalle wurde diskutiert und vor dem Roten Rathaus. Aber die Erde bebte immer stärker und das Volk wollte nicht auf den nächsten Sonntag warten. Schon am Samstag, dem 4. November 1989, strömte ein kilometerlanger Protestmarsch zum Alexanderplatz – wohin sonst? War er doch von den Architekten als Ort der Begegnungen und der Kundgebungen gedacht gewesen. Der Alexanderplatz, zum Bersten voll mit Menschen (eine halbe Million bis zwei, je nach Einschätzung), erlebte an dem Tag seine Sternstunde und wurde in der ganzen Welt berühmt. Die Kundgebung verlief friedlich, ein Kleintransporter mitten auf dem Platz diente als Bühne für 27 prominente Berliner. Christa Wolf, eine von ihnen, erinnerte sich später: »Es war der Moment, als Oben und Unten ihre Plätze in dem Wertesystem wechselten, die Wende hat sich ereignet.«

Ich kenne dieses Gefühl. Im November 1989, als die DDR-Bürger auf dem Alexanderplatz gegen die SED-Herrschaft demonstrierten, lief die Wende in der Sowjetunion bereits auf Hochtouren. Sie wurde noch 1985 offiziell von oben als Perestroika, also Umbau, eingeleitet, das Volk stimmte zu.

Wir waren fest davon überzeugt, dass wir unser kriselndes Land zu einer Schweiz im Maßstab 500:1 umbauen würden. Von diesem Glauben beflügelt, waren die jungen Menschen bereit, Entbehrungen zu erdulden und das Neue, das immer noch nicht anfangen wollte, zu verteidigen. Selbstverständlich waren wir gegen die Abgeordneten, die im August 1991 versuchten, die angekündigte Auflösung der UdSSR zu stoppen und die Reformen neu zu denken. Die Rebellen verschanzten sich im Parlamentsgebäude in Moskau, das Haus wurde von Panzern beschossen, auf einem stolzierte später der russische Präsident Boris Jelzin, als Sieger. Es folgten weitere bewaffnete Zusammenstöße, es fielen Schüsse und es floss Blut.

In Leningrad erlebte ich den gescheiterten Putsch als schwaches Echo. Wir wussten nicht genau, was in Moskau los war, aber die Nachrichtensprecher, die schlecht gekämmt und stotternd widersprüchliche Nachrichten vom Blatt ablasen, machten uns Angst. Für eine Weile verstummten alle Medien in unserer Wohnung, dann schallte eine dröhnende Männerstimme aus dem Radiogerät: »Achtung! Achtung! Die Panzer der Putschisten rollen in Richtung unserer Stadt! Wir bitten alle, denen unsere junge Demokratie etwas wert ist, zum Rathaus am Isaakplatz! Nehmen Sie warme Kleider, Proviant und Verbandsstoff mit!«

Wir – mein Freund und ich – zögerten keine Minute und gingen raus, ein Jodfläschchen und in Bänder zerschnittene Laken in einer Tüte. Es war Nacht, die Straßen waren leer, aber in den meisten Fenstern der Hochhäuser schimmerte Licht. Erst bei der Metro-Station sahen wir eine Menschenmenge, der wir uns wortlos anschlossen. Ohne Absprachen und schweigend stiegen wir – etwa zwanzig wildfremde Menschen – in einen Bus, unser breitschultriger Anführer startete den Motor. Die Ampeln waren tot, die Straßen leer – wir waren im Niemandsland, im Nachttraum, im Film. Die prüde Stadt mit ihren leeren breiten Prospekten und Palast-Reihen, die sich im Newa-Wasser verdoppelten, war schön wie nie.

Neben den seltenen Passanten machte unser Fahrer halt und lud sie ein, Mitstreiter zu sein. Am Newa-Ufer, nicht weit vom Zentrum, stieg ein junger Mann zu uns in den Bus und richtete die Pistolenmündung gegen die Schläfe des Fahrers. Er war nicht allein – aus der Dunkelheit heraus sprang sein Komplize mit einem Maschinengewehr. Er riss die Seiten seines Hemds auseinander und schrie mit idiotisch lauter Stimme: »Alle raus!!! Hände auf den Hinterkopf! Hinlegen! Papiere! Waffen! Valuta!«

Wir stiegen aus und legten uns kreuz und quer, wie Robben, auf den Boden und lagen so eine ganze Ewigkeit. Wir waren fest davon überzeugt, dass wir gleich sterben würden, als der Mann im Matrosenhemd uns zum Aufstehen aufforderte.

Er aber wedelte mit dem Maschinengewehr in der Luft und lächelte. »Meine Damen und Herren, nehmen Sie Ihre Plätze wieder ein!«

Es stellte sich heraus, dass sie uns irrtümlich für kommunistische Putschisten gehalten hatten, die Angreifer aber erwiesen sich als Antikommunisten, wie wir. Wir stiegen wieder zurück in den Bus und sausten weiter, glücklich und laut wie eine Schulklasse beim Ausflug.

Der Platz vor dem Rathaus war schon voll, als wir eintrafen. Der Bürgermeister, der damalige Tutor und Gönner von Wladimir Putin, sprach vom Balkon zur Menge, bat uns alles zu tun, um die junge Demokratie zu verteidigen. Wir trugen Mülltonnen, Röhren, Gitter, Gleise zusammen und sperrten die Ausfallstraßen mit Barrikaden. Eine scharfe Metallspitze schnitt mir in die Handfläche, mit dem weißen Verband war ich endgültig eine Kriegsheldin. Mehrere Stunden standen wir eng zusammengerückt wie Spartaner, aber noch vor Mitternacht kam die Entwarnung und wir gingen etwas enttäuscht auseinander – wir alle wären bereit gewesen, mehr für die Perestroika zu opfern, als sie von uns verlangt hatte.

Jetzt aber ist mir klar, dass wir nicht unsere Freiheit verteidigten, sondern den Wohlstand derer, die sich auf dem schönen Rathausbalkon zusammendrängten – ihre Haut war blass, ihre Blicke ängstlich, die Schläfen feucht von Schweiß.

Heute sind ihre Gesichter rund wie Pfannen, die Augen stolz wie die eines Adlers – die etwa zweihundert Menschen sind das neue Politbüro, das das Eigentum der ehemaligen Russischen Sozialistischen Föderativen Sowjetrepublik beschlagnahmte und unter Aufsicht der großen kapitalistischen Internationale verwaltet. Heute kommt mir das ganze Pathos der Augustnacht peinlich vor, denn von Freiheit schwärmend, zertrampelten wir die Gerechtigkeit.

Nicht nur den Zerfall der Sozialistischen Zivilisation, sondern auch ihre schmerzhafte Geburt erlebten Berlin und Sankt Petersburg fast synchron. Die Kommunistische Internationale war zu Beginn des zwanzigsten Jahrhunderts gut vernetzt und agierte effektiv – 1917 ereignete sich die Russische Revolution, ein Jahr danach war auch Deutschland dran. Im Kampf um eine neue politische Ordnung war Berlin am stärksten betroffen, die monatelangen Unruhen im Winter 1918/19 forderten über 1.000 Menschenleben.[10]

In Döblins Roman »Berlin Alexanderplatz« spürt man noch die Nachbeben dieser zerschlagenen Revolution. »*Weil wir verraten sind, Franz, achtzehn und neunzehn, von den Bonzen, und Rosa haben sie gekillt und Karl Liebknecht*«, agitiert ein Kneipenbesucher am Schanktisch. »*Da sollen mal Leute zusammenhalten und sollen was machen. Kuck dir Rußland an, Lenin, da halten sie, das ist Kitt. Aber abwarten.*«

»*Ist mir ganz egal. Über Abwarten geht die Welt kaputt und du mit*«, erwidert Franz und seine düstere Prophezeiung geht sehr bald in Erfüllung.

Der Alexanderplatz – flankiert von dem mächtigen Polizeipräsidium, von Militärkasernen umstellt und mit dem Quartier der Kommunistischen Partei in unmittelbarer Nähe – wurde zum Schwerpunkt tagelanger bewaffneter Zusammenstöße.

Auch in der Märzrevolution von 1848 hatte der Alexanderplatz eine prominente Rolle gespielt.

Die Lage in der Stadt war schon zuvor angespannt gewesen, auch weil die Lebensmittelpreise angestiegen waren, wegen der Missernte im vorherigen Jahr. Die Hungrigen wollten Brot, die Arbeitslosen Beschäftigung, die Arbeitenden höhere Löhne; vor den gut situierten Bürgern schwebte der französische Freiheitsbaum im Himmel wie eine Fata Morgana.

Diffuse und totale Unzufriedenheit wurde zusätzlich durch ein Rauchverbot in den Straßen Berlins genährt, willkürliche Übergriffe der Polizei heizten das Klima auf. Der König sah sich gezwungen den Wünschen des Volkes entgegenzukommen und lud Bürger und Stadtverordnete zum Schlossplatz ein. Am Sonnabend, dem 18. März, um etwa halb zwei, sollte er vom Balkon hinunter zu ihnen sprechen, aber plötzlich fielen zwei Schüsse, die als Funken am trockenen Holze wirkten – der angestaute Unmut entflammte, alles kam in Bewegung. Die Altstadt füllte sich mit Militärregimentern, Berliner bewaffneten sich mit Gewehren oder mit Steinen, bauten Barrikaden, hie und da brachen Straßenkämpfe aus.

Das Schlussereignis des Tages spielte sich abends auf dem Alexanderplatz ab. Damals war er viel kleiner, ein unansehnlicher Transitraum zwischen Altberlin und seinen östlichen, dorfähnlichen Vororten. Von hier aus verliefen fächerartig mehrere Ausfallstraßen, die die Aufständischen mit Barrikaden sperrten. Nur eine von ihnen konnte den Angriffen der Armee standhalten und sie ist in die Geschichte als die *Große* oder *Königsbarrikade* eingegangen. Sie befand sich in der Neuen Königstraße neben dem *Haus mit den 99 Schafsköpfen*, das mit seiner Frontseite zum Alexanderplatz schaute.[11]

Diese Barrikade wurde besonders stark befestigt, und sie war auch schön und pittoresk, weil sie mit Gegenständen aus dem Fundus des naheliegenden Königstädtischen Theaters geschmückt wurde – eine Ritterfigur an der Spitze des Haufens, daneben Berg- und Waldlandschaften aus Pappe, die Revolutionäre waren mit Degen, Speeren und Gewehren aus der geplünderten Requisite bewaffnet. Diese Stelle, wo sich die Barrikade befand, ist heute mit einer Tafel markiert.

Diese Ereignisse sind auf mehreren Gemälden verewigt – ein Haufen aus Brettern, Kopfsteinen und Fässern, über der Barrikade weht die revolutionäre deutsche Trikolore, offensichtlich nachträglich dazugedichtet. Auf diesen Bildern ist auch das *Haus mit den 99 Schafsköpfen* zu sehen und etwas weiter im Hintergrund ragt der Turm der alten Georgenkirche heraus. Sie war eng mit Häusern umstellt, in einem von ihnen befand sich die Apotheke *Zum Schwarzen Adler*, wo der junge Theodor Fontane einst arbeitete. Als er von den Unruhen auf dem Schlossplatz hörte, blieb er nüchtern, spöttelte anfangs über die allgemeine

Ungefähr hier stand damals das »Haus mit den 99 Schafsköpfen«. Wo heute Straßenbahnen rollen, verlief früher die Neue Königstraße. Die zwei Behrens-Häuser bilden eine Mündung, die an das einstige Stadttor erinnert. Das berühmte Haus mit den Widderköpfen befand sich links von der Gedenktafel, ungefähr dort, wo heute das Geschäftshaus »die mitte« steht: 2009 gebaut, verkleinerte es den Umfang des Platzes und änderte seinen Umriss. Das Königstädtische Theater (1824–1851) befand sich neben der heutigen Weltzeituhr.

Aufregung. Seine Stimmung änderte sich, als er selbst auf die Straße trat. Auf dem Alexanderplatz sah er Menschen, die wie verstört an ihm vorbeistürzten, sie hielten die herankommenden Droschken an und kippten sie um. Die Barrikade wuchs und mit ihr die Aufregung im Herzen des jungen Dichters. Ihm schwebten Balladen- und Geschichtsreminiszenzen vor, *»darunter dunkle Vorstellungen von der ungeheuren Macht des Sturmläutens«.*

Die Georgenkirche aber war zu und der in Rage geratene Apotheker versuchte, einen Pfahl aus der Erde zu reißen, um die Kirchentür zu rammen und auszuschlagen. Aber der Pfahl saß fester, als Fontane gedacht hatte und er musste aufgeben, erschöpft und resigniert.

»Schweißtriefend kam ich von dem stillen Kirchplatz in die neue Königstraße zurück, auf der eben vom Tor her ein Arbeiterhaufen heranrückte, laute ordentliche Leute, nur um sie herum etliche verdächtige Gestalten. Es war halb wie eine militärische Kolonne, und ohne zu wissen, was sie vorhatte, rangierte ich mich ein, und ließ mich mit fortreißen. Es ging über den Alexanderplatz weg, auf das Königstädter Theater zu, das alsbald wie im Sturm genommen wurde«, erinnert sich Fontane.

Auch er erbeutete ein Gewehr, aber die Waffen aus dem Fundus waren nicht geladen, und die Menge trieb sich wieder zusammen mit dem Ruf »nun aber Pulver«.

»Wir marschierten auf einen noch halb am Alexanderplatz gelegenen Eckladen los und erhielten von dem Inhaber auch alles, was wir wünschten. Aber wo das Pulver hin tun? Ich holte einen alten zitronengelben Handschuh aus meiner Tasche und fühlte ihn stopfevoll, so dass die fünf Finger wie gepolstert aussahen.«

Pulver hatte er nun genug, um einen Berg sprengen zu können, aber ohne Kugel war das völlig nutzlos. Auf der Stelle schwand seine Begeisterung, die Idee, mit einem Spielzeug in den Kampf zu ziehen, kam ihm lächerlich vor.

Die Darstellung seines Beitrages zur Revolution liest sich wie eine Farce: die Bühne – der Alexanderplatz, die Kulisse – die Königsbarrikade mit durchbohrten Waldlandschaften aus dem Fundus und mit dem Pappritter auf der Spitze. Und mitten auf der Bühne der 28-jährige Apotheker Theodor Fontane mit zitronengelben aufgedunsenen Handschuhen und einer Gewehr-Attrappe, der zugibt, doch kein Held zu sein. Als Sturmläuter gescheitert und in der Rolle eines Scharfschützen durchgefallen, zog er sich in sein Zimmer zurück. *»Da saß ich denn wohl etwa eine Stunde lang und sah abwechselnd auf den Boden und dann wieder auf die Wand des alten, aus Feldstein aufgeführten Georgenkirchturms dicht vor mir. Ich war nur von einem Gefühl erfüllt, von dem einer großen Gesamtmiserabilität, meiner eigenen an der Spitze.«*

Dann brach Fontane, von Neugier getrieben, doch auf, diesmal aber nicht als Kämpfer, sondern als Beobachter. Aber auch das war ein gefährliches Unternehmen – am Nachmittag gab es Schießereien auf den Straßen, die sich in der Nacht verstärkten.

Nicht alle 254 Märzgefallenen waren Kämpfer, viele waren zufällige Opfer oder Beobachter, die für ihre Neugier mit dem Leben bezahlten, als sie aus den Fenstern schauten oder vor die Tür traten. Aber Fontane war vorsichtig, mied gefährliche Ecken und protokollierte für die Nachwelt die dramatischen Ereignisse, die sich an diesem Abend unweit vom Schloss und um die Friedrichstraße herum abspielten. Zurück nach Hause lief er durch das Oranienburger Tor, wo er in die ruhige Linienstraße einbog. *»Die wohl fast eine halbe Meile lange Wegstrecke war mit Barrikaden übersät, aber zugleich still und menschenleer. Das ganze glich einer ausgegrabenen Stadt, in der das Mondlicht spazieren ging. Mein Elendsgefühl über das, was eine Revolution sein sollte, war in einem beständigen Wachsen.«*

5

Haus der Elektroindustrie. Wahrnehmungswellen

Ich biege links in die Alexanderstraße ab, in die *neue,* die *alte* verlief weiter westlich, da wo heute das Hotel *Park Inn* steht.[12] Sie war eng, lebendig und stark befahren, auf der einen Seite erstreckte sich die lange Fassade des *Kaufhauses Tietz,* auf der anderen befanden sich Kasernen[13] und ein Wohnblock mit dem repräsentativen *Grand-Hotel Alexanderplatz* an der Ecke.

Döblin, der als Arzt und Schriftsteller eine Weile in der Frankfurter Straße (heute Karl-Marx-Allee) wohnte und arbeitete, machte sich oft auf zu Entdeckungsreisen in die Welt vor seiner Haustür, und erkundete den Schauplatz seines künftigen Romans. Seine Impressionen hielt er in Reportagen fest, eine davon veröffentlichte er im Jahr 1923 in der Zeitung unter dem Titel »Östlich vom Alexanderplatz«.

»Ein sonniger Vormittag; ich mache mich auf zu einer Umzingelung des Alexanderplatzes. Der verlockt mich sonst, menschenstrudelnd, wie er ist, geradewegs auf ihn zuzustoßen; ich will einmal die Peripherie dieses mächtigen Wesens abtasten«. Er beginnt den Rundgang etwa beim Strausberger Platz, biegt in die Weberstraße ein und über die Mollstraße gerät er in das Scheunenviertel; er schaut sich in der Linienstraße um, wo es Häuser von abenteuerlichem Schmutz und fantastischer Gebrechlichkeit gibt, macht eine Runde um den Bülowplatz mit seiner pompösen *Volksbühne* und kleinen Läden für »Gelegenheitskäufer«. Von da läuft er zum Alexanderplatz über die Münzstraße, umsäumt mit Kinos, die am hellen Tag dauernd spielen.[14] *»Ein Menschenstrom,*

Wagenstrom; der Alexanderplatz ist nahe. Zwischen zahlreichen sehr billigen Damen, unter den hastenden Leuten suchend, wandern sonderbare langsame Menschen, die sich offenbar kennen, erkennen, beiseitetreten, Kleiderköfferchen tragen. Ein Hinundherlungern. Viele unbeschäftigte Burschen mit kessen Mützen. Die Alexanderkaserne mit Schupo kommt, der endlos lange Bau des Warenhauses Tietz; er setzt eine neue, etwas puppige Ecke an. Dann die breite Öffnung, grüner Rasen, der Alexanderplatz, die Gulaschkanone der Heilsarmee, umlagert von Neugierigen, und Ketten Armer und Alter, das finstere rote Polizeipräsidium.«

Die Umleitung der alten Alexanderstraße in den sechziger Jahren – genauer gesagt, die Transplantation ihres Abschnittes, der durch den Platz führte – änderte die Strecke radikal, aus dem engen und belebten Korso, der seine Besucher an den lockenden Schaufenstern des »Tietz« entlangführte, wurde ein prüder Prospekt mit mehrspurigen, stark frequentierten Fahrbahnen und extra breiten, kahlen Fußgängerwegen, fast immer menschenleer.

Vor der Wende füllte sich die breite Straße regelmäßig mit feierlichen Menschenzügen, die aus dem Osten herzogen. Mit den Türmen auf dem Strausberger Platz im Hintergrund wirkte die Karl-Marx-Allee nicht weniger beeindruckend als die Babylonische Prozessionsstraße. Umso leerer, ja verlassener sah sie jenseits der verordneten übervölkerten Festlichkeiten aus (und tut es immer noch).

Das liegt an ihren zyklopischen Dimensionen und an der Tatsache, dass es hier kaum Gastronomie oder reizvolle Geschäfte gab. Das gut besuchte *Hotel Stadt Berlin* kehrte der stark befahrenen Straße den Rücken zu, das *Haus der Elektroindustrie*, das die gegenüberliegende Seite flankierte, war auch kein Besuchermagnet. 1969 fertig gestellt, öffnete es seine Türen für das

Ministerium für Elektrotechnik und Elektronik der DDR und weitere angegliederte Institutionen. Im Erdgeschoss befand sich ein Geschäft für gefragte Film-, Foto- und Optik-Geräte, aber das änderte wenig – die Straße, die die östliche Flanke des Alexanderplatzes markierte, gehörte den Autos, auch heute betreten Menschen die breiten Bürgersteige nur aus purer Notwendigkeit.

Das ewig lange, teilweise leere *Haus der Elektroindustrie* mit den Läden im Erdgeschoss wirkt nicht einladend, eher abweisend. Aber zu seiner Zeit galt es (mit seinem Stahlskelett, großen klimatisierten Büroräumen, hell und umgeben von Grünpflanzen) als ein Juwel der urbanen Architektur, wie auch seine Geschwister, die Hochhäuser links und rechts von ihm.

Die Städter liebten damals die Würfelhäuser und Plattenbauten. Aber schon in den Achtzigern hatte man auch hiervon genug, in den Neunzigern fing man an, die obsolet wirkende Moderne zu vernichten – ein Wunder, dass der Alexanderplatz bis heute fast unverändert blieb.

Von den Tagen, als meine Mutter mich 1996 zum ersten Mal in Berlin besuchte, ist mir wenig in Erinnerung geblieben, aber ich weiß, dass mein Blick auf die Ost-Architektur damals leicht abwertend gewesen sein muss – das kannten wir alles. Stattdessen blieben wir mit offenem Mund vor dem Roten Rathaus stehen, entzückt von seiner altertümlich wirkenden Erscheinung.

Die Hochhäuser an der Süd-Ost-Flanke existierten für mich damals nicht, auch später, als ich schon um die Ecke wohnte und sie aus den Augenwinkeln fast täglich anschaute, beachtete ich sie kaum. Vor allem das *Haus der Elektroindustrie* war für mich unscheinbar und unsichtbar, aber eines Tages änderte sich das.

Es war ein fahler Winternachmittag vor zehn Jahren, als sich Streitgeister in unserer Küche breit machten und mich aus der Wohnung drängten. Ich knallte mit der Tür, stürmte die Treppe hinunter und schritt zum Alex. Draußen war alles farblos, lautlos und starr. Weihnachten war gerade vorbei, die Gehwege mit bunten Fetzen und Sektkorken umsäumt, entlang der Straße lagen weggeworfene tote Tannenbäume – die Welt war öde wie nach einem Meteoriteneinschlag.

Berlin war mir gegenüber immer großzügig gewesen, aber es passierte mir damals oft, dass ich meine Wut auf seine unschuldigen Straßen und Häuser projizierte. Auch in dieser Stunde der Verzweiflung und des Selbstzweifels wünschte ich mir so sehr, irgendwo anders zu sein und nicht auf diesem tristen Alexanderplatz.

Ich irrte zwischen den geschlossenen Marktbuden herum wie in einer verlassenen, durch eine Katastrophe leergefegten Miniaturstadt. Es gab viel Wind und viel Müll, und keine Menschen, bis auf drei verlorene russische Seelen, die neben dem Brunnen standen und in den Stadtplan starrten. Als ich ihnen in unserer Muttersprache Hilfe anbot, bedankten sie sich überschwänglich, und wir gingen zusammen zu der gesuchten Tramhaltestelle auf der südlichen Platzseite. Sie waren eine Familie – ein magerer Mann mit einer eckigen Pelzmütze, eine stämmige Frau mit dicken Waden und rundem Barett aus flauschigem Mohair und ihre Tochter, die nicht zu ihren altmodisch wirkenden, dick verpackten Eltern passte: klein und schmächtig. Sie hatte eine kurze rote Jacke an, und wenn sie sich bewegte, öffnete sich ein Streifen nackter Gänsehaut über den tiefsitzenden Jeans. Die Familie war aus der sibirischen Provinz gekommen, um ihre Bekannten, ausgereiste Russlanddeutsche, besuchen. Die Eltern wirkten etwas eingeschüchtert und abgestumpft, ihre Tochter, die eine kleine Kartoffelnase und dunkle, leicht asiatisch anmutende Augen hatte, redete viel – sie lobte den milden Berliner Winter, die beleuchteten Hauseingänge, die zuverlässigen Fahr-

Geschlossene Marktstände auf dem Alexanderplatz

pläne, die großen Häuser. Ihre Begeisterung (die auch mir, der Bewohnerin der westlichen Metropole, zu gelten schien) wertete Berlin in meinem Herzen auf, ich war stolz »bei uns« zu sagen, als ich über diese Stadt redete.

In diesen neugierigen fast entzückten Augen sah ich nicht nur diese Stadt, sondern auch mich in meiner Jugend reflektiert, als ich in einer sehr kleinen Stadt gewohnt hatte und träumte, flügge zu werden, in eine Großstadt zu fliehen.

»Und was machst du aus deinem Leben in Berlin, einer Traumstadt für Millionen?«, fragte ich mich, während ich mit dem Mädchen sprach, das mich mit Fragen überschüttete. Ob das Hotel auch vor der Wende hier gestanden habe, und wenn ja, wie es damals geheißen habe? Ob der Brunnen nur im Winter trocken sei, oder das ganze Jahr über? Woher der Name Alexanderplatz komme?

»Was steht da auf der langen Fassade mit großen Buchstaben geschrieben?« Das Mädchen zeigte auf das *Haus der Elektroindustrie* und diese, ihre Frage machte mich ratlos.

Ich ging fast täglich an dem Haus vorbei, aber in dem Moment war mir, als ob ich diese Buchstaben zum ersten Mal sehen würde. »Können Sie mir diese Sätze übersetzen?«

Ich nickte, da kroch schon die Tram auf uns zu.

»Nächstes Mal«, sagte ich.

Wir umarmten uns und sie sausten mit der Tram davon.

Ich schaute mir die beschriftete Fassade noch einmal an und setzte langsam, wie eine Analphabetin, die meterhohen Buchstaben zu Wörtern zusammen:

»Eine Handvoll Menschen um den Alex. Am Alexanderplatz reißen sie den Damm auf für die Untergrundbahn. Man geht auf Brettern. Die Elektrischen fahren über den Platz die Alexanderstraße herauf durch die Münzstraße zum Rosenthaler Tor. Rechts und links sind Straßen. In den Straßen steht Haus bei Haus. Die sind vom Keller bis zum Boden mit Menschen voll. Unten sind die Läden. Destillen, Restaurationen, Obst- und Gemüsehandel, Kolonialwaren und Feinkost, Fuhrgeschäft, Dekorationsmalerei, Anfertigung von Damenkonfektion, Mehl und Mühlenfabrikate, Autogarage, Feuersozietät. Wiedersehen auf dem Alex, Hundekälte. Nächstes Jahr, 1929, wirds noch kälter. A. Döblin.«

Kaum zu Hause schlug ich nach: es war eine Text-Installation des Architekten Sergej Tschoban, der die Fassadensanierung konzipiert hatte. Seit diesem Tag zogen diese Buchstaben meinen Blick an, die Tatsache, dass der Architekt auch in Leningrad studiert hatte und aus Sankt Petersburg nach Berlin kam – spornte mein Interesse an, seine Erfolge[15] faszinierten mich.

Fassade des ehemaligen Hauses der Elektroindustrie, von der ehemaligen Inschrift ist nur noch ein Rest erkennbar

Was konnten dem Star-Architekten diese Buchstaben bedeuten, fragte ich mich. Das war der Zeitpunkt, als ich mir das Buch »Berlin Alexanderplatz« kaufte, aus dem das Zitat stammt. Bald war ich in dem Roman von Döblin gefangen. Ich las das Buch immer aufs Neue, suchte die Schauplätze auf – hier verkaufte Franz Biberkopf Zeitungen, hier versteckte er sich vor der Polizei, hier spähte er seine Geliebte aus. Ich betrieb diese Spurensuche so leidenschaftlich, als ob dieser dicke Mann – gescheiterter Arbeiter, Zuhälter und Straßenschreier – mein verschollener Onkel gewesen wäre.

In gewissem Sinne trifft das vielleicht zu: Mit Berlin verbinden mich keine Kindheitserinnerungen und ich habe keine Verwandten hier. Aber wenn ich über den Alex laufe oder entlang der Invaliden- oder Linienstraße, schimmern bekannte Gesichter hinter den Fenstern und Schatten vertrauter Gestalten huschen aus den Hausaufgängen und Höfen. Mir tut Lina aus Stettin leid und Sonja Parsunke aus Bernau, die vor hundert Jahren ihr Unglück auf dem Alexanderplatz fanden, ich hasse Reinhard, den Sadisten, der sich vor keinem Verbrechen scheute und der Franz Biberkopf in den Abgrund zwang.

»Literatur ist ein Archiv der Empfindungen, Wahrnehmungen und Fantasien, die Orte ausgelöst haben. Ein Schlüssel zur Bedeutung, die sie für frühere Bewohner hatten. Und ein Mittel, das von heutigen Bewohnern und Besuchern oft empfundene Bedeutungsvakuum mit Geschichten zu füllen. Wir können vergleichen, was wir sehen und was Döblin und andere geschrieben haben: es ist ein Spiel, das so bald nicht langweilig wird«, schreibt mein Lieblings-Berlinologe Michael Bienert in seinem Band »Döblins Berlin« (2017).

Mag sein, dass das monotone Karo-Muster der Häuser hier jemandem uninteressant und nichtssagend erscheint, vor allem jetzt, wo die Textinstallation auf der Fassade des Hauses der Elektroindustrie längst verschwunden ist. Manchmal jedoch, bei passendem Licht werden auf den Metallplatten die Buchstaben plötzlich sichtbar, genauer gesagt, ihre Schatten.

Diese schwach schimmernden Zeichen erinnern mich an den Winter, als ich mich in den Roman »Berlin Alexanderplatz« verliebte, und mein eigener Berlin-Roman war das Kind dieser Liebe. Wo es möglich war, schickte ich meine Protagonisten, die von Biberkopf gebahnten Routen zu erkunden, ließ sie vor dem *Haus der Elektroindustrie* stehen und Wörter von der Fassade ablesen.

Heute wirkt der 220 Meter lange Bürokasten gesichts- und charakterlos, wie auch die Namen der Läden und Firmen, die sich im Erdgeschoss eingemietet haben. Zwar sticht der Name »Knutschecke« mit seinem derb-aphrodisierenden Klang heraus, aber die Gesichter der Menschen, die vor der Gaststätte herumschwärmen, strahlen Langeweile und Verunsicherung aus. Viele Räume in den oberen Etagen sind nicht vermietet, das Schicksal des Hauses ist noch nicht besiegelt, aber allem Anschein nach wird es zum Abriss frei geräumt.

Vor einiger Zeit verirrte ich mich in eine Veranstaltung in der Nikolaikirche, wo das Schicksal solcher Bauten wie des *Hauses der Elektroindustrie* diskutiert wurde. Architekten meldeten sich zu Wort, Stadtplaner und Kulturwissenschaftler – die Luft unter den hohen Bögen war stark geladen: Ist die Ost-Moderne der West-Moderne ebenbürtig? Wird sie diffamiert oder überschätzt? Sind die schlichten DDR-Hochhäuser Zeugnisse der Geschichte oder Schrott?

Aus dieser hochspannenden Veranstaltung nahm ich ein Wort mit, in das sich auch mein Verhältnis zur Ost-Moderne verschlüsseln könnte: »Wahrnehmungswellen«.

»Ich flüchtete aus unserer Platte raus, nach Prenzlauer Berg mit seinen alten Häusern, das war für mich damals das wahre Leben. Uns kümmerte nicht, dass so viele DDR-Bauten abhanden gekommen sind. Jetzt ändert sich mein Wahrnehmen.«, sagte eine Rednerin, die Berliner Schriftstellerin Annett Gröschner. *»Mit der Zeit spürte ich, dass alle diese Abrisse auch mit mir, mit meinem Leben zu tun haben.«*

Wenn das *Haus der Elektroindustrie* abgerissen werden sollte, werde ich unter den vermutlich wenigen sein, die ihm nachweinen – dem grauen schmucklosen Kasten, der mich eines grauen kalten Tages mit wegweisenden Wörtern ansprach.

6
Hotel Park Inn.
Die verlorenen Kinder

Ein heiterer Begegnungsort, das Herz der Hauptstadt – so hatten die DDR-Architekten den Alexanderplatz sehen wollen, menschenzugewandt und voll verlockender Angebote. Exklusiv, fein, führend sollte das 1970 eröffnete Interhotel *Stadt Berlin* sein – durch seine Höhe, seine Eleganz und seine schicke Bar, den *Roten Salon*, der über Nacht geöffnet blieb.

»Kurze Rundfahrt durch die Stadt, dann Abendessen hochoben im Hotel Stadt Berlin, was mit dem berüchtigten West-Komfort wetteifert« – schrieb Max Frisch in seinem Tagebuch im März 1973. In der Regel erregten Orte in Ostberlin in dem prominenten Autor eher abweisende Gefühle, die er seinem Tagebuch anvertraute. Das Abendessen und Ambiente hoch oben aber ließ er unkommentiert, was man als Kompliment für die Leistungen der prominenten Gaststätte deuten könnte.

Nach der Wende wechselte das Hotel den Besitzer, die Innenräume wurden umgebaut und teilweise umfunktioniert. Das Restaurant unter den Wolken existiert nicht mehr, geriet aber neulich wieder in die Presse – ein Wandbild aus den Siebzigern war entdeckt worden, es hatte früher den Weg zum *Roten Salon* geschmückt.

Das Werk, neun Meter mal eins vierzig, Keramik und Glas auf Stahlplatten, war nach der Wende, wild zusammengeschoben, hinter einer Gipswand verschwunden. Während der Renovierungsarbeiten 2018 wurde es dann wiederentdeckt. Die Autorin des Werkes ist Gertraude Pohl, eine bildende Künstlerin, die in Berlin lebt und arbeitet. Das von ihr restaurierte Bild ist in Teilen wieder in der 37. Etage zu sehen, wo ich mich mit der Künstlerin zum Treffen verabredete.

Kurze Frisur, wacher Blick, dunkler Mantel – ihre ganze Erscheinung ist von dezenter großstädtischer Eleganz gezeichnet. 1940 in Zittau, einem Städtchen an der heutigen polnischen Grenze geboren, kam sie nach Abitur und Facharbeiterausbildung in die Hauptstadt. Sie studierte an der Hochschule für bildende und angewandte Kunst in Berlin-Weißensee; frisch diplomiert arbeitete sie dann als Designerin an den damals größten Bauaufgaben in Ostberlin mit, auch bei der Projektierung des Hotels *Stadt Berlin* am Alexanderplatz. Die Vereinigung Interhotel war einer ihrer ersten großen Auftraggeber, das Wandbild für das 37. Geschoss wurde 1973 fertig.

Diese Etage ist inzwischen komplett umgebaut und beherbergt heute mehrere Suiten und einen Frühstückssalon, in dem man den inzwischen rekonstruierten Teil des Bildes sehen kann.

In den folgenden Jahren arbeitete die junge Künstlerin mit an der Gestaltung verschiedener öffentlicher Gebäude in Ostberlin, unter anderem dem *Haus der Elektroindustrie* und dem *Haus des Reisens*, später auch bei der Ausstattung des *Palastes der Republik*, wo sie den großen Natursteinboden im Hauptfoyer entwarf.

Nicht nur sie, sondern die ganze Nachtkriegsgeneration hatte damals viel zu tun: In den Sechzigern wuchsen überall in Deutschland aus den Schuttbergen neue Wohnviertel, auf den Ruinen Berlins entstanden sogar zwei Städte, die miteinander wetteifern mussten.

Die Weltjugendspiele im Sommer 1973 waren in gewissem Sinne eine Eröffnungsparty für das neu errichtete DDR-Vorzeigeprojekt Alexanderplatz. Auch Gertraude Pohl feierte mit und

Dekoratives Wandbild von Gertraude Pohl (Mitarbeit Gunda Walk), Keramik/Glasapplikation auf Stahlplatten, vier Teile, 135 x 400 cm (Ausschnitt), 1973, restauriert 2018

sie denkt sehr gerne an diese Tage zurück, wie die meisten Zeugen dieses Ereignisses: Es war schwierig ins Ausland zu reisen, umso mehr freute man sich, die Welt hier auf dem Alexanderplatz empfangen zu können.

Auch auf der schon angesprochenen Demonstration am 4. November 1989 war Gertraude Pohl dabei, auch für sie war es ein großartiger Tag, der den Weg für Befreiung und Aufbruch ebnen sollte. Das Ventil an dem hermetisch zugelöteten Kessel war nun aufgedreht, alle Türen offen, aber viele wussten nicht recht, was der heftige Luftzug alles mitbringen, wie die Veränderungen konkret in ihrem Alltag aussehen würden.

Weltfestspiele der Jugend und Studenten 1973 in Berlin (Foto: Archiv der Künstler Gertraude Pohl und Norbert Pohl, in der Mitte – ihre kleine Tochter)

»Nach der Kundgebung änderte sich alles dann so schnell, dass wir nicht imstande waren zu reflektieren, wie die Abwicklung des DDR-Staates passierte, wer über das Schicksal des Volkseigentums entscheidet und über unsere Arbeit und Zukunft«, erinnert sich Gertraude Pohl heute.

Nicht nur sie, auch Millionen andere Ostdeutsche fühlten sich von den Ereignissen überrollt. Auch wenn auf den Straßen totale Euphorie herrschte und vom Himmel blaue Hundertmarkscheine rieselten, schlichen sich doch in das Leben vieler Bürger Sorgen und Frustration ein.

Jubel lebte man gemeinsam und öffentlich aus, die Verunsicherung und die Zweifel blieben meist zwischen den eigenen vier Wänden eingesperrt. Dagegen wollte Gertraude Pohl ein Zeichen setzen, um öffentlich und gemeinsam die Herausforderungen des neuen Zeitalters zu reflektieren: Steigerung der Ateliermieten, Schließung der Galerien, Kürzungen der Kulturförderung. Sie brachte Kunstschaffende aus ganz Berlin und Brandenburg zusammen und initiierte die Aktion »Künstler zeigen Flagge«, die im Herbst 1991 auf dem Alexanderplatz losging.

An dutzenden Masten, die dort noch aus DDR-Zeiten geblieben waren, hissten die Künstler ihre Flaggen, die mehrere Wochen über dem Alexanderplatz in der Luft wehten. Schwarz, Rot, Gold, Hoffnung, Adler, Kunst, Mensch, Verunsicherung, Geld – das sind nur einige Stichworte der Performance, bei der auch der Wind, die dem Alex eigene Naturgewalt, mitwirkte, indem er die Kunstwerke belebte und bewegte.

»Wo Wind ist, sind die Fahnen in ihrem Element – flatternd, knatternd, werbend, provokant«, schrieb Gertraude Pohl über die Aktion: »KünstlerInnen haben Gründe, Zeichen gegen den Wind zu setzen, mit Bedacht genau an den Ort, der zum Zeugen geworden ist, jenes starken Windes, der Zeiten zu wenden im Stande war. Der 4. November 1989 wurde zum Symbol, der dem seelenlosen Platz im Berliner Osten Schönheit und Würde verlieh.«

Inzwischen sind dreißig Jahre vergangen. Viele Hoffnungen haben sich erfüllt, viele neue Möglichkeiten haben sich eröffnet – Gertraude Pohl ist weiter als Künstlerin tätig, mit Bildern, Objekten und Installationen, ausgestellt in Museen, Kirchen,

Aktion »Künstler zeigen Flagge«, 1991/92

im Hof, in der Stadt, auf freiem Feld. Aber fast alle ihre großen Arbeiten im öffentlichen Raum aus der Zeit vor der Wende
sind verloren gegangen, mit den Gebäuden zerstört, mit ganzen
Stadträumen abgerissen. Teppiche, Objekte, Wandbilder, Brunnen, Freiflächengestaltungen sind weg, auch die Spuren ihres
Wirkens auf dem Alexanderplatz.

Ihre Werke – im Gespräch sagt sie oft »meine Kinder« –, die
in der Stadt noch weiterleben, verliert die Künstlerin nicht aus

dem Blick. Aber ausgerechnet dieses Wandbild im Hochhaus am Alexanderplatz, das der Zerstörung entkam, hatte sie vergessen, aus Selbstschutz, weil die Arbeit ja definitiv verloren schien.

»Als man mir mitteilte, mein Werk sei im Hotel wiederentdeckt worden, konnte ich mich nicht sofort an Gliederung und Details der großen Arbeit erinnern und eine Dokumentation aus der Entstehungszeit fehlte. Aber das Bild hatte die Zeit leuchtend farbig und strahlend überdauert.«

Oft fragt sich die Künstlerin, warum ausgerechnet dieses Bild geblieben ist, schließlich gab es viele andere Arbeiten, die ihr mehr am Herzen liegen. Aber die wundersame Rettung beschert nun diesem Kind ohne Namen, verschollen und beinahe vergessen, verspätete Anerkennung, Aufmerksamkeit und Ruhm. Für Gertraude Pohl war das Ereignis eine sehr bewegende Angelegenheit:

»Die Begegnung mit dem verlorenem Kind nach 45 Jahren war wie die Rückkehr von vergangenem Leben, auf die man eigentlich nicht hoffen kann.«

Das Interhotel war vor allem für Besucher aus dem Ausland bestimmt, für die Einheimischen war die Gaststätte unter den Wolken der reine Luxus.

Unter gebürtigen Ostberlinern in meinem Bekanntenkreis fand ich nur eine Freundin, die das Hotel noch vor der Wende besucht hatte. Sie, Sprössling einer gut situierten Familie, feierte unter den Wolken im Jahr 1982 ihren 14. Geburtstag. Eigentlich sollte sie ein Fahrrad als Geschenk bekommen, stattdessen aber wünschte sie sich ein feines Essen auswärts.

»Warum? Ich habe immer gerne gekocht und noch lieber gegessen, diesmal wollte ich nicht nur etwas ganz Exklusives genießen, sondern auch so bedient werden, dass sich Kellner wie

Aale schlängeln, wie in der Fernsehserie ›Dallas‹. Und meine Mutter wusste sofort, wo wir hingehen sollen – in das Interhotel auf dem Alex.« Das erzählte mir meine Freundin, als wir eines warmen sonnigen Tages im Mai auf der offenen Terrasse auf dem Dach des Hotels saßen, unmittelbar über dem heutigen Frühstückssalon mit dem wiederentdeckten Kunstwerk an der Wand.

Wir saßen wie in einer hohen Theaterloge, uns zu Füßen lag ihr einstiges Kindheitsrevier – meine Freundin hatte damals in der prominenten Leipziger Straße gewohnt. Zum Einkaufen ging sie mit ihrer Oma in die Markthallen (Ecke Karl-Liebknecht- und Dircksenstraße), wo in den Viadukt-Bögen lebendige Enten gackerten. Zum Alexanderplatz ging sie flanieren und wenn sie verärgert war, suchte sie auf der Museumsinsel Trost. Das Neue Museum war damals eine Ruine – malerisch und melancholisch, statt Fenster gab es oben Löcher und man konnte durch das kaputte Gebäude hindurchsehen.

»Auf dem hohen Aufgang der Gemäldegalerie wartete ich, bis die sinkende Sonne durch die hohlen Fenster des Neuen Museums durchstrahlte. Das Licht war stark und blendete wie ein Scheinwerfer, danach wurde es schnell dunkel und ich eilte nach Hause.«

Die Gespräche mit meiner Freundin, die in Berlin-Mitte aufgewachsen ist, sind immer interessant. Wie es bei gebürtigen Berlinern oft der Fall ist, wurzelt der Stammbaum ihrer Familie im Osten, im heutigen Polen oder Tschechien. Wie so viele hier ist sie Nachfahrin jener Vertriebenen, die von Osten her die Stadt betraten, ohne Hab, ohne Gut und scheinbar ohne Vergangenheit. In Bezug auf die erlebten Grausamkeiten aber waren nach dem Krieg die meisten Osteuropäer Aufsteiger, die Eltern meiner Freundin haben es weiter als viele andere gebracht.

»Meine Mutter hat gut verdient und ist viel gereist, ich konnte mir viel leisten, was die anderen so begehrten – das beste Malzeug, Bücher und Zeitschriften aus dem Ausland, oder das Essen im Interhotel, das für uns vier mehr als 500 DDR-Mark kostete, ein Monatsgehalt für manche DDR-Bürger.«

Erstaunlich, aber meine Freundin weiß immer noch, was sie an dem Abend gegessen haben: Schildkrötensuppe, dazu Blätterteigpastete mit Ragout fin; dann Boeuf Stroganoff und Palatschinken Susette (am Tisch flambiert); und zuletzt Eis mit Blaubeeren für die beiden Geschwister und Weinbrand für den Vater.

»War der Abend unter den Wolken das, was du dir damals gewünscht hast?", fragte ich.

Sie schaute in die Ferne, ich folgte ihrem Blick. Der wunderschöne Tag neigte sich zu Ende, leichter goldener Dunst lag über dem grandiosen Dom, dem nagelneuen Schloss und den schmucken Museen, dem aufgeputzten neuen Herzstück der Stadt.

»Das Essen war gut, genau wie ich es mir vorgestellt habe«, sagte sie dann. »Aber eigentlich wollte ich von meiner Mutter immer nur eins: von ihr geliebt und bewundert werden. Aber auch Pepsi Cola war nicht imstande, diesen Durst zu löschen. Ja, das habe ich vergessen dir zu erzählen: an dem Abend haben wir Pepsi Cola getrunken, so viel wir wollten.«

Als ich fragte, ob sie sich an das Bild von Gertraude Pohl im Hotel-Restaurant erinnert, schüttelte sie mit dem Kopf.

Nach dem Besuch beim frisch restaurierten Bild in der 37. Etage sausen Gertraude Pohl und ich mit dem Fahrstuhl nach unten. Unten im Foyer schaut sie sich aufmerksam um und sieht das, was ich nicht sehe – die Farben und Formen von Wandpaneelen, Sesseln, Leuchten, Teppichen. Alles ist anders als das ursprüngliche Design, an dem auch sie beteiligt war, alles ist banaler.

Gertraude Pohl arbeitete in der Entstehungszeit des Hotels auch an der Farbgestaltung der 125 Meter hohen Außenfassade mit, einer Vorhangkonstruktion aus Sicherheitsglas in geschossweise heller werdenden Blaunuancen. Tendenz Himmelsblau. Auch hiervon ist heute nichts übriggeblieben – nach der Wende hat sich das Hotel eine glatte Glashaut verpasst.

Eine Weile stehen wir vor dem Hotel, den Kopf im Nacken. Es ist ein warmer, heller Tag im Dezember. In den gläsernen Platten der hohen Fassade spiegeln sich der Himmel und die davongleitenden Wolken.

Unten, um den Brunnen der Völkerfreundschaft, wimmelt es von Jahrmarktsbuden, der nasse Boden ist mit Mayonnaise und Ketchup befleckt, in den Ecken rascheln kleine Abfalldünen – dem Platz geht es nicht gut. Ausgerechnet jetzt, in den Adventswochen verwandelt er sich in einen mittelalterlichen Jahrmarkt, wie ich ihn mir vorstelle – überall wird gekaut, gegafft, gerülpst, getrunken, gegrölt, lautes Trommeln erschüttert den schweren Äther, durchtränkt mit derben Gerüchen und Bratfleischausdünstungen. Die Kessel über dem offenen Feuer sind so voluminös, dass eher lüsterne Teufel mit Dreizack zu ihnen passen würden als geschäftige und gestresste Angestellte.

Die Gesichter der Besucher sind von Langeweile und Überfressen-sein gezeichnet, nur Kinder scheinen sich echt zu freuen und die Obdachlosen, deren triste Abende durch bunte künstliche Lichter erheitert werden. Drogen, Verwahrlosung, Obdachlosigkeit, Messerstechereien – der Platz scheint das Unglück aus umliegenden Vierteln, Dörfern, Städten, Ländern oder gar Kontinenten einzusaugen wie ein Trichter.

»Bei aller Kritik habe ich den Platz nie so empfunden«, widerspricht Gertraude Pohl meinem harten Urteil. »Trotz allem habe ich den Alex durch die Zeiten als ein lebendiges städtisches

Zentrum des Ostens wahrgenommen, ruppig und riesig, als Ort zum Treffen und Demonstrieren. Die Stadtplätze wachsen und werden mit ihrer Geschichte, sie müssen nicht überall vier Wände haben wie in Stuttgart oder München, vielleicht auch in Moskau, und sie dürfen gerade in Berlin etwas vom ewig Unfertigen, Anonymen, Ungeformten haben.«

Dass die acht neuen Hochhaustürme, die sich zum Hotel *Park Inn* gesellen sollen, den Ort erheitern und veredeln werden, bezweifelt Gertraude Pohl. Ebenso teilt sie nicht die gängige Meinung, dem Ensemble liege ein Geburtsfehler zugrunde: Es handele sich hier nicht um eine missglückte ursprüngliche Planung, sondern eindeutig um eine falsche Möblierung und um Missbrauch des Raums. Ihrem Urteil kann ich nur zustimmen: Das permanente Oktoberfest mit Essbuden, überfüllten Müllboxen, Kabelgewirr, billiger Musik und Schrottwaren würde auch den Garten Eden in einen Hinterhof verwandeln.

Inzwischen haben wir die große Kreuzung erreicht, wo sich Alexanderstraße und Karl-Marx-Allee begegnen. Von dieser noch offenen Ecke aus zeigt sich der Alexanderplatz von seiner besten Seite, mit einem Ausblick auf den grünen Turm der *Marienkirche* im Hintergrund.

Nachdem wir uns vor dem *Haus des Reisens* verabschiedet haben, bleibt Gertraude Pohl noch eine kurze Weile stehen: »Mir ist auch erst in jüngerer Zeit bewusst geworden, dass ich mein Berliner Leben lang mit dem Platz verbunden war, dreißig Jahre vor der Mauer, als die Häuser gebaut wurden, und heute, dreißig Jahre danach …«

7

Das Warenhaus.
Konsum

Als das erste Berliner Kaufhaus, wie wir es heute kennen, gilt der *Modebasar Hermann Gerson & Comp,* der seit 1848 exklusive Stoffe, Gardinen, Teppiche und Fertigkleider anbot.

Das erfolgreiche Unternehmen wandte die modernsten Verkaufstechniken an und führte eine eigene Modezeitschrift. Das palastartige Kaufhaus am Werderschen Markt verfügte über einen Lichthof, Vorführsalon und Spiegelkabinett, wo Kunden die Ware und sich selbst bewundern konnten. Verführung als Verkaufsstrategie funktionierte blendend, das florierende Unternehmen belieferte nicht nur die Hohenzollern im benachbarten Schloss, sondern auch Königshäuser in ganz Europa.

In der Kaiserzeit, als die Stadt rasant wuchs, schossen auch Warenhäuser mit märchenhafter Geschwindigkeit in die Höhe und in die Breite und der *Gerson-Basar* bekam immer mehr Konkurrenz. Joseph Roth, der als Reporter das Berlin der Zwanziger erkundete, beschreibt in einem seiner Essays, wie sich die Konsumlandschaft der Hauptstadt änderte, wie die großen Kaufhäuser des 19. Jahrhunderts allmählich zurücktraten, bedrängt von den ganz großen, die voluminöser, prachtvoller und attraktiver waren als ihre Vorgänger.

Diese ganz großen Warenhäuser trumpften auf mit sagenhaftem Überfluss – sie hatten noch mehr Waren, mehr Lifts, mehr Käufer, Treppen, Kassen, Verkäufer, Stellagen, Kisten und Schachteln. Die Vielfalt ließ die Waren billiger und zugänglicher erscheinen, so Roth: *»Denn da, wo so viele so nahe beieinander* *sind, können sie kaum umhin, sich für nicht kostbar zu halten. Sie werden geringer in ihren eigenen Augen, senken ihre Preise und werden demütiger; denn die Billigkeit ist die Demut der Waren. Und da es so viele Käufer nebeneinander gibt, stellen die Waren auch weniger Anforderungen an die Käufer; und auch diese werden demütig. Wenn am Anfang das ganz große Warenhaus wie ein Werk des Hochmuts und einer sündhaften menschlichen Herausforderung aussah, so erkennt man mit der Zeit, dass es nur ein Gehäuse der menschlichen Kleinlichkeit und Bescheidenheit ist, ein riesiges Eingeständnis der irdischen Billigkeit.«*

Unentbehrlich und organisch gewachsen in den großzügigen Boulevards des jungen Berliner Westens tobten diese ganz großen Kaufhäuser in den engen Straßen Altberlins wie Elefanten in einem Porzellanladen; sie verschlangen regelrecht ganze Wohnblöcke und damit große Stücke Stadtgeschichte: auf dem Areal neben der Nikolaikirche stand das prachtvolle Kaufhaus *N.Israel*, die Königskolonnaden links vom Rathaus, die zum Alexanderplatz führten, mussten dem Handelsgiganten *Wertheim* weichen, das Kaufhaus *Tietz* nistete sich mitten auf dem Alexanderplatz ein, anstelle des alten Wohnblocks.

Eingeweiht 1905, konnte *Tietz* nicht aufhören zu wachsen, wurde immer weiter ausgebaut. 1911 maß seine östliche Flanke, die entlang der damaligen Alexanderstraße verlief, stolze 250 Meter und galt als die längste Warenhausfassade der Welt.

Obwohl die Filiale ihr Angebot an Kleinbürgern orientierte, mangelte es in ihrer Architektur und in der Innenausstattung nicht an Luxus: Über dem Giebel an der kurzen Frontseite, die zum Platz schaute, trug das Gebäude eine Weltkugel mit dem Schriftzug *Tietz*. Ein weiteres herausragendes Merkmal des Warenhauses war sein Lichthof, dessen sieben ovale Öffnungen den Schein von 40.000 Kerzen ausstrahlten.[16] Das Gebäude, das weit

Das Kaufhaus am Alexanderplatz wurde 1904 eröffnet. Es hieß zunächst »Tietz«, wurde aber von den Nazis in »Hertie« umbenannt, um die jüdische Herkunft des Namengebers Hermann Tietz zu verschleiern

in die heutige Fußgängerzone hineinragte, war zweifelsohne das Herzstück des Platzes.

Das Kaufhaus wurde in der Zeit des Nationalsozialismus enteignet und umbenannt, behielt aber seine Aura als Konsumtempel. Die DDR-Regierung knüpfte an diese Tradition an, als sie beschloss, anstelle des abgetragenen Riesen einen neuen Luxus-Einkaufstempel zu bauen. Dieser wurde 1970 fertig gestellt.

Auch wenn das neue *Centrum Warenhaus* weder im Volumen noch im Sortiment mit seinem Vorgänger wetteifern konnte, setzte es doch auf Superlative und Exklusivität, denn hier gab es Dinge, von denen man im Rest der Republik nur träumen konnte. Das *Centrum Warenhaus* genoss anfangs großen Respekt bei seinen Kunden, fiel aber mit der Zeit im Wettlauf mit seinem westlichen Gegenstück, dem *KaDeWe,* immer stärker zurück. Hier, in dem größten und am besten belieferten Einkaufstempel der DDR, war die anrückende Niederlage des Staates am deutlichsten zu spüren – die halbleeren Regale bildeten einen perfekten Resonator, so dass die metallenen Einkaufswagen, die durch das Kaufhaus rollten, laut und bedrohlich wie babylonische Streitwagen schepperten und die Stimmen der in den Warteschlangen zusammengerückten Konsumenten sich zum Summen eines erbosten Bienenschwarmes summierten.

Nach der Wende wurde das Gebäude einem westlichen Unternehmen zugeteilt und modernisiert, als *Galeria Kaufhof* entwickelte es sich schnell zu einem der umsatzstärksten Berliner Kaufhäuser. Ich kehrte hier nur selten ein und weiß nicht mehr, wie es hier vor der Renovierung ausgesehen hat. Aber ich kann mich gut an einen Tag erinnern, als ich 2005 das Kaufhaus mit meiner Mutter besuchte, in der Zeit, als es mitten im Umbau war.

Meine Mutter hatte immer schöne Kleider geliebt und viel Wert auf ihr Aussehen gelegt – mehr als auf uns, ihre Kinder, munkelten meine Geschwister, die sich mehr mütterliche Fürsorge gewünscht hätten und mehr großmütterliches Engagement. Ich versuchte ihren Unmut zu beschwichtigen, aber als meine Mutter 2005 nach Berlin kam, habe ich verstanden, was sie meinten. Kaum hatte sie unsere Wohnung betreten, stürzte sie nicht in das Kinderzimmer, um ihre schlafenden Enkelkinder zu bewundern, sondern flüsterte mir leidenschaftlich ins Ohr, dass sie neue deutsche Stiefel brauche und einen deutschen Rock, der farblich zu ihrer neuen Jacke passt.

Am nächsten Tag gingen wir in den nahegelegene *Galeria Kaufhof.* Es war ein dunkler Nachmittag im November, die Straßen waren schwarz und nass, ich war nicht bestens gelaunt, meine Mutter aber schon – ihre Augen glänzten, ihre Wangen waren rot vor Vorfreude. Um meinen Unmut zu bändigen, dachte ich an die Tage, als ich meine junge Mutter erpresst und terrorisiert hatte – alle Leidenschaft und Kraft meiner damaligen pubertierenden Seele hatten sich in dem Wunsch gebündelt, Gegenstände zu besitzen, die in einem sozialistischen Land schwer aufzutreiben und daher sagenhaft teuer waren – Kassettenrekorder, Jeans, Schuhe auf hohem Plateau in Korkoptik. Der Besitz solcher Sachen wertete eine Person enorm auf und was will ein junges Menschenwesen mehr, als gesehen und bewundert werden?

Eine echte Jeans kostete mehr als die Hälfte eines durchschnittlichen Monatslohns, aber meine Mutter gab mir immer nach. Jetzt bin ich dran und darf nicht meckern, dachte ich, während wir durch das Kaufhaus irrten. Die zu renovierenden Räume waren abgeschirmt, so dass wir keinen Überblick hatten und wie in einem Irrgarten wandern mussten, während wir vergeblich nach einem in Deutschland gefertigten Rock suchten. Das Siegel *Made in Germany* war und bleibt östlich der Oder ein Garantieschein für Qualität und Langlebigkeit. Aber alles, was wir sahen, war irgendwo weit weg gefertigt – Bangladesch, Türkei, China … »Wie?! Gibt es bei euch nichts, was hier gemacht wird? Deutsche Qualität?« Sie zog die Augenbrauen hoch, ihre Enttäuschung war groß. »Und so sagenhaft teuer, obwohl in China gefertigt!«, sie rümpfte die Nase.

Ehrlich gesagt, überraschte mich die Tatsache auch – das Kleid, das ich 1995 für unsere Hochzeit gekauft hatte, war in Deutschland gefertigt worden und gar nicht teuer, aber seitdem war anscheinend eine Wende vor sich gegangen, die ich gar nicht wahrgenommen hatte – inzwischen wurde die monotone und schmutzige Arbeit von Ausländern oder im Ausland ausgeübt.

Im Second-Hand-Laden im ehemaligen Haus des Reisens

Am darauffolgenden Tag gingen wir in den großen *Humana*-Second-Hand-Laden im einstigen *Haus des Reisens*. Abertausende preiswerte Kleiderstücke hingen da, nach Farben sortiert, meine Mutter war in diesem bunten Zaubergarten glücklich wie ein Kind, hier konnte sie ihre Jagdgelüste stillen.

Ich dagegen fühlte mich zwischen diesen herrenlosen Stücken unwohl – diese Hose gehörte einem Dickerchen, dieses Kleid einer Theatergängerin, diese Jacke einem akkuraten Beamten.

Wo sind alle diese Menschen, deren Seelenpartikelchen und Sehnsüchte in den alten Kleidern weiterleben?

Nachdem meine Mutter mit Koffern voller Röcke und Blusen abgereist war, verschwand das Thema *Made in Germany* von meinem Radar. Erst 2013 erinnerte ich mich daran, als die Zeitungen von einem schlimmen Unfall in Bangladesch berichteten, wo eine Nähfabrik eingestürzt war, die auch deutsche Läden belieferte.

Die Tragödie hätte durchaus vermieden werden können: Als in dem achtgeschossigen Fabrikgebäude Risse festgestellt wurden, erklärte die Polizei das Haus für einsturzgefährdet. Und dennoch zwangen die Betreiber die Angestellten weiterzuarbeiten. Als das Haus am 24. April kollabierte, waren mehr als 3.000 Menschen im Gebäude, 1.100 von ihnen starben unter den Trümmern. Die Bergungen dauerten mehrere Tage, dramatische Bilder gingen um die Welt: ein Trümmerberg, umzingelt von Menschen, die auf Rettung ihrer Liebsten hofften.

Diese Bilder brachten unsere Textilindustrie in Erklärungsnot, die großen Ketten schworen, die Lage der Arbeiter, die in den Billiglohnändern Kleider für ihre Läden fertigen, zu verbessern. Aber ein Jahr darauf war das Thema wieder in aller Munde, als Menschen in Großbritannien in den neu gekauften Kleidern Zettelchen mit Hilferufen fanden, angeblich von Menschen, die über unmenschliche Arbeitsbedingungen klagten. »SOS! Wir schuften wie Ochsen! Wir hungern! Wir sterben!«, zitierten Zeitungen die auf Englisch verfassten Hilferufe, die alle in den Filialen des Textildiscounters *Primark* gefunden wurden, einem international agierenden Unternehmen mit Sitz in Dublin.

Die gruseligen Funde häuften sich und der Skandal wurde immer lauter: Freilich gehörte auch diese Firma zu den Textilketten, die Kleidung in der berüchtigten Fabrik in Bangladesch produziert hatten. Die Bilder von Schutthaufen, in denen hunderte Menschen ihren qualvollen Tod fanden, von kleinen Waisen, deren Eltern unter Trümmern starben, Menschen ohne Extremitäten, sie waren noch frisch, daher verbreitete sich die Flamme der Empörung durch die Berliner Zeitungen und griff um sich. »*Erschütternde Hilferufe in Primark-Kleidern!*« »*Eingenähte Zettel bringen Primark in Erklärungsnot!*« »*Primark: Neuer Hilferuf in Kleidung gefunden!*«

Den ganzen Juni 2013 prangerten Berliner Medien *Primark* an, und am 3. Juli eröffnete dann die erste Berliner *Primark*-Filiale in Berlin. Ich ging hin und sah ein wogendes Menschenmeer auf dem Alexanderplatz, Abertausende Menschen. Und nein, das war keine Solidaritäts-Kundgebung für die Rechte der armen Arbeiter, kein Protest gegen Ausbeutung – die Menge sehnte sich nach nichts anderem, als so schnell wie möglich reinzukommen in die neue *Primark*-Filiale, vollgestopft mit Wegwerfkleidern, kurzlebig und sagenhaft billig.[17]

Um 11:15 Uhr war es so weit, die Tore öffneten sich – in der schmalen Mündung vor den Türen eingeklemmt, kämpften sich Glückliche zum Eingang vor, die Menschen in den hinteren Reihen reckten ihre Gesichter hoch, schauten über die Köpfe nur in eine Richtung.

Es sah fast so aus, wie auf den Fotos vom 4. November 1989, nur waren damals alle Blicke voller Erwartung auf die improvisierte Tribüne gerichtet, die Menschen lauschten flammenden Reden und mutigen Wörtern – Veränderung, Wende, Freiheit, Zukunft. Aber es gab eine Stimme, die etwas anders klang, die von Heiner Müller, dessen Worte viele enttäuschten.

»*Wir brauchen Solidarität statt Privilegien*«, verkündete Heiner Müller mit trockener Stimme und statt eines eigenen Redebeitrags las er den Aufruf zur Gründung unabhängiger Gewerkschaften vor und erntete dafür Buh-Rufe.

»*Ich hatte daran gedacht, den Brecht-Text ›Fatzer komm‹ vorzutragen, mit der Aufforderung an die Staatsmänner, den Staat herauszugeben, der sie nicht mehr braucht*«, erklärte er später den Vorfall. »*Ich hatte den Text in der Tasche, aber vor den 500.000 Demonstranten kam es mir plötzlich albern vor, dem kranken Löwen einen Tritt zu versetzten, der mir sicher Applaus eingetragen hätte. Ich habe Wodka getrunken und gewartet, ratlos.*«

In dem Moment kamen drei junge Leute zu ihm, die keine Redezeit bekommen hatten; sie baten ihren Aufruf vorzulesen, was Heiner Müller tat. Was wie ein Zufall aussah, war dann doch keiner – Gewerkschaften, Solidarität, Ausbeutung – das waren seine Themen. Heiner Müller, der der gescheiterten DDR nicht nachtrauerte, blieb auch dem triumphierenden Kapitalismus gegenüber skeptisch. Mit großem Ekel sprach er über die ungerechte Verteilung des Reichtums weltweit, über die Asymmetrien, die dem kapitalistischen System immanent sind und zwangsläufig zu Ausschließung und Ausgrenzung der Zahlungsunfähigen führen, denn »*für alle reicht es nicht*«, sagte er in einem Interview Anfang der Neunziger. »*Fünftausend rosa Slips bejahen nicht das Leben, das schreit viel mehr nach Tod und Ver-*

nichtung«, schrieb Heiner Müller nach einem Spaziergang durch eine Einkaufspassage in Düsseldorf.

Viele hielten damals seine Urteile für zu pessimistisch, auch ich fand damals die Zuspitzungen in seinen Dramen zu scharf. Aber heute teile ich seine Meinung. Berge weggeworfener Produkte auf dem einen Ende der Schaukel und Millionen Hungernde auf dem anderen – ist das nicht eine bösartige Asymmetrie, die unsere Welt bedroht?

Preisschilder in den überfüllten Regalen und Schaufenster sind knappe Formeln der großen Ungerechtigkeit: 3,65 Euro pro Kilo Fleisch, Bananen, die fünfmal billiger als einheimische Äpfel gehandelt werden, oder eine in der Sklavenfabrik genähte Einweghose für 4,90 Euro, für die sich Menschen am 3. Juli 2014 vor der neu eröffneten *Primark*-Filiale anstellten.

Allmählich bildete sich aus der formlosen Menge eine Schlange, die bis zum Bahnhof Alexanderplatz reichte.

Da fiel mir ein, dass da, wo sie sich teilte und den Brunnen der Völkerfreundschaft umfloss, früher das Haus gestanden hatte, in dem Gotthold Efraim Lessing gewohnt und Friedrich Nicolai oder Moses Mendelsohn empfangen hatte. Das kleine Häuschen hätte zu einem Museum werden können, zu einem Tempel der ruhmreichen Berliner Aufklärung, wenn es nicht dem Kaufhaus *Tietz* hätte weichen müssen.

Daraus könnte man nun eine symbolträchtige Parabel bauen, wie Konsum und Gier die Errungenschaften der Aufklärung in Frage stellen, den gesunden Menschenverstand benebeln oder gar ausschalten – aber wozu?

Seit ich hier in Berlin wohne, lese ich jeden Tag in angesehenen Zeitungen Berichte über Konsum-Terror, Plastik in Meeren, den Treibhauseffekt – und auf der nächsten Doppelseite sieht der Leser eine halbmetergroße Anzeige für ein neues PKW-Modell.

Über die steigende Menge weggeworfener Lebensmittel werden wir regelmäßig aufgeklärt: letztes Jahr waren es 18 Millionen Tonnen, und das allein in Deutschland. Summiert man das mit dem Abfall unserer Nachbarn, hat man einen Montblanc vor Augen, in dem unsere verschrottete Zukunft ruht – las ich neulich in einer Zeitung.

Der Artikel, in dem darüber berichtet wurde, war links und rechts von Werbung für billige Wurst umrandet, gewonnen aus gequälten Tieren mit den Händen unterbezahlter WanderarbeiterInnen, die ihre Kinder irgendwo in ihren Heimatdörfern sitzen ließen, um uns hier den Luxus zu gönnen, das kaum angebissene Würstchen in die Mülltonne zu werfen.

Manchmal denke ich sogar, dass selbst in all diesen Mahnungen, Tiraden, Artikeln, Moralpredigten, Aufrufen zur Rettung der Natur auch eine versteckte Werbebotschaft steckt, die uns reizt, immer mehr zu kaufen, immer mehr wegzuwerfen, immer mehr zu reisen – so lange es diese Welt noch gibt. Auch ich habe nicht vor, mein Konsum-Verhalten drastisch zu ändern, nachdem ich mich hier über die *Primark*-Kunden ausgelassen habe. Und am kommenden Samstag werde ich nicht Bäume pflanzen, sondern zu IKEA fahren und ein Holzregal kaufen, für die Dutzenden von Kaffeedosen, die in meiner Küche herumfliegen.

»Man spricht selten von der Tugend, die man hat; aber desto öfter von der, die uns fehlt«, steht in der Komödie »Minna von Barnhelm«, die Lessing hier, in dem Haus auf dem Alexanderplatz, verfasst hat.

8

Der Bahnhof.
Ankunft und Flucht

Alfred Döblin, 1878 in Stettin geboren, kam als zehnjähriger Junge nach Berlin. Nachdem der Vater die Familie verlassen hatte, war die Mutter mit ihren fünf Kindern nach Berlin aufgebrochen, in die Obhut ihrer Brüder, die sie unterstützten. Die Familie wohnte in einer kleinen Wohnung südlich vom Alexanderplatz, der zum Mittelpunkt im Leben und Schaffen von Döblin wurde. In einem seiner autobiographischen Texte erinnert er sich an seine erste Begegnung mit Berlin:

»Also, ich bin vor vierzig Jahren nach Berlin gekommen, nachdem ich vorher geboren bin. Ich kam in Berlin in einem Zustand an, der sich nicht sehr unterscheidet von meiner Geburt, zehn Jahren vorher, in Stettin. Es war gewissermaßen Nachgeburt. Es hat aber keiner etwas davon gemerkt. (Ich bin ja wirklich in Stettin nur vorgeboren.) Wir fuhren also von Stettin nach Berlin. Meine Mutter unterhielt sich im Zug mit Leuten, die die Stadt kannten. Unsere Gegend, die Blumenstraße, wurde sehr schlechtgemacht, da sind viele Fabriken und Rauch, das Gespräch war sehr lebhaft und in einem Fluss. Ich wagte nichts zu sagen, genauer, etwas zu fragen. Ich saß in Geburtswehen. Mir wurde bänglich und immer bänglicher. Es betraf meinen Bauch. Die Wehen nahmen an Heftigkeit zu. Und als wir uns den Häusern Berlins näherten, war ich am Ende meiner Kraft. Ich stand am Fenster, es war finster, spät abends, ich gab nach. Das Kind war da, es lief in meiner Hose, mir wurde wohler, ich stand in einer Pfütze. Dann setzte ich mich beruhigt ...

Nachher fuhren wir durch die fremde große Stadt, und da geschah das zweite Wunder. Wir setzten uns in einen Zug auf einem hellen Bahnhof. Der fuhr ab, durch die Nacht, fuhr ein paar Minuten, dann hielt er, und – wir waren wieder auf demselben Bahnhof. Ich glaubte mich zu irren. Aber das Spiel wiederholte sich zwei-, dreimal. Wir fuhren, derselbe Bahnhof kam, und nachher stiegen wir aus und waren bald zu Hause. Ob wir im Kreis gefahren sind? Aber warum und wozu, und schließlich sind wir doch angekommen. Erst als gereifter Mann habe ich den rätselhaften Vorgang durchschaut. Es wurde mir klar und klarer: wir waren Stadtbahn gefahren. Die Bahnhöfe sehen sich abends ähnlich in Berlin, besonders wenn man aus Stettin kommt. Wir waren von Friedrichstraße nach Jannowitzbrücke gefahren.«

Die Stadtbahn – 1882 gebaut – war von großer Bedeutung für die schnell wachsende Stadt und ergänzte die inzwischen gebaute Ringbahn, die heutige S-Bahn. Der Bahnhof Alexanderplatz – 1880 in Betrieb genommen – legte den Grundstein für die rasanten Veränderungen auch auf dem Platz selbst.

Die von Döblin erwähnte Strecke der Stadtbahn ahmt den Verlauf der alten Berliner Festungsanlage nach. Ihr zugeschütteter Graben bot Platz für den Bau des Viadukts mit 722 Bögen und zwei Gleispaaren. Die identischen Bogendächer über den Stationen der Stadtbahn erzeugten in dem Jungen das Gefühl, dass der Zug immer im Kreise fahren würde.

Als ich diese Passage las, fiel mir auf, dass fast alle Personen, die ich in meinem Buch erwähne oder zitiere, aus dem Osten nach Berlin geraten sind. Sie kamen einzeln oder mit großen Siedlungswellen, die in ziemlich regelmäßigen Zeitabständen über Berlin hinwegrollten – nach der Kaiserkrönung, in den Goldenen Zwanzigern, nach dem Zweiten Weltkrieg und nach

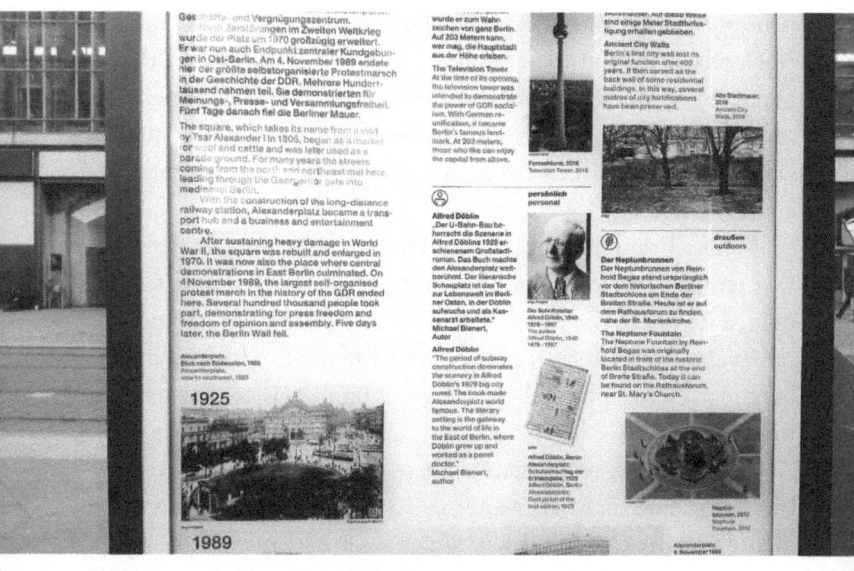

Info-Tafel vor dem Bahnhof Alexanderplatz

Alexanderplatz der Wende. Alle diese Wellen sind in unserer Sprache protokolliert geblieben, in der Vielfalt der Begriffe, die sie für die Einwanderer parat hält – Migranten, Zwangsarbeiter, Vertriebene, Gastarbeiter, Aussiedler, Spätaussiedler, Kontingentflüchtlinge.

Ich habe die Grenze des Westens nicht als Geflüchtete, sondern als Gast überquert: Ich kam einstige Kommilitonen besuchen, DDR-Bürger. Sie schickten mir eine Einladung, mit der ich den Reisepass beantragen konnte.

Ich war 26, als ich zum ersten Mal Berlin besuchte. Ich saß im Zug, der auf die Hauptstadt der DDR zurollte und konnte die Bilder hinter dem Fenster nicht besser einordnen als der zehnjährige Alfred Döblin. Es war Sommer 1989, es war meine erste Auslandsreise, und die ersten westlichen Metropolen auf meinem Weg – Warschau und Berlin – verblüfften mich mehr mit ihren mondänen Namen als mit ihren Gesichtern, die auf den ersten flüchtigen Blick einige Ähnlichkeit mit den sowjetischen Städten hatten.

Meine Freunde waren frisch verheiratet und logierten in Lichtenberg in einer Wohnung mit hohen Decken und Kachelofen. Für mich, die damals kein Wort deutsch sprach und nur sehr vage Vorstellungen von Westeuropa hatte, klang Lichtenberg nicht weniger westlich und großzügig als Liechtenstein und Luxemburg.

Dies war die aufregendste Reise von allen, die ich davor erlebt hatte, aber nicht die weiteste: Da mein Vater im fernen Osten diente und die Großeltern im Süden wohnten, reiste ich als Kind jeden Sommer mit meinen Eltern tausende Kilometer weit durch die Sowjetunion. Von der Küste des Japanischen Meeres über Moskau (manchmal auch via Kasachstan oder Baschkirien, wo wir Verwandte hatten) zum Schwarzen Meer und zurück. Während unserer langen verschneiten Winter daheim schwärmten wir dann von unserer nächsten Reise in den gesegneten Westen im Kaukasus, wo es mehr Sonne, mehr Menschen, mehr Städte und Komfort gab.

Aus der Perspektive dieser Dimensionen und Entfernungen war Westeuropa uns Asiaten immer klein und homogen erschienen. Auch in meiner Wahrnehmung war der ferne Westen, sprich Europa, ein fernes Mosaikbild, so komprimiert, dass seine Einzelsteine – sagenhaft bunt und teuer – nur unter der Lupe sichtbar waren. Auf dieser imaginären Weltkarte waren für mich Bordeaux und Leipzig Zwillinge mit schmucken Zipfelmützen, die nah nebeneinander dösten. Ich war also bereit, auch die

Hauptstdt der DDR wie eine westliche Metropole zu bewundern, aber meine Freunde klärten mich unverzüglich auf, dass der wahre Westen einige Stationen weiter, hinter dem Bahnhof Friedrichstraße beginne.

Es klingt unglaublich, aber damals durfte ich mit meinem sowjetischen Reisepass Westberlin besuchen, und meine deutschen Gastgeber nicht. Sie blieben in Lichtenberg und ich reiste am darauffolgenden Tag allein nach Westen – Ostkreuz, Warschauer Straße, Berlin Ostbahnhof, Jannowitzbrücke, Alexanderplatz, Marx-Engels-Platz und Friedrichstraße – die Pforte zum Jenseits. Meine Begeisterung über das bunte Westberlin, die ich dann abends nach meinen Tagesauflügen mit meinen Gastgebern in Lichtenberg teilen wollte, erfreute sie nicht, im Gegenteil. Im Nachhinein denke ich, dass diese gemeine Ungerechtigkeit meine Freunde bestärkt haben könnte, am 4. November 1989 zum Alexanderplatz zu eilen. Ich war nicht dabei, zu diesem Zeitpunkt war ich schon zurück nach Leningrad gefahren, in eine Welt, die in die Brüche ging.

Aber ich kam wieder und wieder nach Berlin, und blieb, weil ich mich hier – in der westlichen Metropole des Ostens – immer willkommen fühlte.

Die Umsiedlung teilte mein Leben in zwei Teile. Anders als alle meine vorherigen Umzüge, die bloß einen neuen Abschnitt in meiner Biografie markiert hatten, fühlte ich mich in Berlin damals wie eine Neugeborene. Mir war, als ob ich nicht nur neu zu sprechen, sondern auch neu zu denken und zu atmen hätte. *»Es war gewissermaßen Nachgeburt«*, wie Döblin über sich, den Zehnjährigen, sagte.

Über sein vorheriges Leben in Stettin berichtete Döblin nur wenig, als Ort seiner Kindheit und seiner Reifung agiert in seinen

Schriften Berlin. Dieser Stadt galten, so sagte er, sein Denken und Arbeiten geistiger Art, hier erlebte er seinen großen, auch internationalen Erfolg, als 1929 sein Roman *Berlin Alexanderplatz* veröffentlicht wurde. Er hatte viel erreicht und noch mehr vor, aber schon 1933 sollte Döblin mit seiner Familie die Flucht ergreifen. Als der Schriftsteller 1947 nach vierzehn Jahren Exil nach Berlin zurück kam, eilte er zum Alexanderplatz:

»Ich sehe ihn jetzt wieder. Ich komme aus der Königstraße, die stumm und menschenleer liegt. Das ehemalige Warenhaus Wertheim ist zertrümmert, geschlossen, ausgebrannt. Ich stehe unter dem Stadtbahnbogen. Da ist noch das alte Lokal ›Zum Prälaten‹, da mache ich halt und betrachte die Menschen, die wenigen, die hier vorbeigehen und herumstehen, armselige, abgerissene Figuren. Wie ich mich neben sie stelle, höre ich, man spricht über Nahrungsmittel, natürlich. Neben mir steht ein russischer älterer Soldat. Er beobachtet wie ich. Er hört zu und geht nach einer Weile weiter.

Und dies ist der Platz selber, einmal erfüllt von einem wimmelnden leben, von Geschäften und Kaffees umgeben, voller Straßenhändler, Reihen von Wagen über das Pflaster. Der Platz ist nicht leer, hier fahren einige Lastwagen und Frauen schieben Kinderwagen, in denen sie Holz und anderes transportieren. Vor dem Warenhaus Tietz, das schrecklich mitgenommen ist, dessen Kuppel und Globus tief liegt, stehen Tische und Straßenhändler verkaufen das billige Zeug, das man jetzt in allen deutschen Städten feilbietet. Ich kann mich nur umblicken und fragen: wo ist dies und wo ist jenes? Ich gehe in die Seitenstraße und in die großen Straßen, die vom Platz ausgehen. Ich wandere die Münzstraße hinunter, hier gab es früher viele Lokale. Aber auch sehr zweifelhafte, auch viele kriminelle Dinge sind passiert hier, und ein ungeheuerliches Menschengewühl. Es schloß sich an das Scheunenviertel und es geht zum Bülowplatz, wo die Volksbühne stand. Die kleineren Lokale entdecke ich nicht mehr. Ich bin wie Diogenes mit der Laterne, ich suche und finde nichts. Ich kehre zum Platz zurück und erinnere mich an das Lehrer-Vereinshaus, wo es so viel Versammlungen gab, und ein großes Kaffee. Das Gebäude steht, gebrochen. Es gibt keine Versammlungen mehr.

Nein, das ist alles Geschichte, Vergangenheit. Hie wie in der Friedrichstraße, wie am Lützowplatz, wie am Stettiner Bahnhof, alles zerstört, zerbrochen, niedergetreten. - Die menschliche Siedlung zerstört, an der sie jahrhundertelang gebaut haben. Sie haben ungeheuren Fleiß daran gegeben. Sie wurden wohlhabend, aber sie konnten das ganze nicht meistern. Zuletzt fiel alles zusammen und so steht es jetzt da.«

Das Empfinden des zehnjährigen Jungen Alfred Döblin im Zug, die gefühlte Umkreisung der Mitte von Altberlin, erwies sich später als prophetisch: Der Alexanderplatz wurde zum Mittelpunkt seines Lebens und seines Schaffens. Als Junge ging er hier mit seiner Mutter einkaufen, als Arzt und Schriftsteller stand er hier im Zenit seines Erfolgs und nach dem Krieg wanderte er, ein gebrochener alter Mann, zwischen kaputten Häusern und Schuttbergen. Döblin starb 1957 und liegt begraben in Frankreich, weit weg von Berlin und dem Alexanderplatz.

9

Das Tor zum Osten.
Die Mauer als Chance

Ich stehe unter den Stadtbahnbögen, hinter mir liegt die Rathausstraße, vor mir der Alexanderplatz. Rechts, da wo es zu Döblins Zeit das Lokal *Zum Prälaten* gab, befindet sich heute die *Besenkammer*, die älteste Schwulenbar in der DDR.

Da, wo heute ein S-Bahnviadukt ragt, gähnte im Mittelalter ein Schützengraben, dort, wo man vom Alex unter der S-Bahn hindurch zum Rathaus läuft, war eine Zugbrücke. Die Behrens-Bauten, die wie zwei riesige Torklappen die Mündung flankieren, sind die Erinnerung an die einstige Pforte, die Berlin mit dem Osten verband. Es ist sehr ungemütlich hier unter den Gleisen, dunkel und stickig. Oben dröhnen Züge, unten quietschen abbiegende Straßenbahnen und scheuchen Menschen weg, die durch diese Mündung auf den Alexanderplatz hinausströmen. Die metallenen Brückenpfeiler und Steinpflaster sind imprägniert vom Urin-Gestank, aus der Bahnhofshalle quellen Ausdünstungen von Bratöl, Bier, Fisch, Kaffee.

Die Pforte zum Alexanderplatz wird rund um die Uhr von Obdachlosen bewacht, die hier in der Unterführung Schutz vor Sonne und Regen finden. Wenn ich vorbeikomme, fühle ich mich unwohl und nicht willkommen, wie in das Schlafzimmer wildfremder Menschen hineingeplatzt. Sie essen, trinken und schlafen unter den Gleisen, im Umkreis von zehn Metern entleeren sie ihre kränkelnden Mägen, Gedärme und Blasen.

Sie schlafen in Rudeln und Trauben, neben ihnen verenden zahlreiche Hunde. Mit betäubenden Präparaten ruhiggestellt, träumen vermutlich die Vierbeiner in ihrem nicht enden wollenden Schlaf von ihrem ehemaligen Leben und grünen Wiesen.

Jetzt am frühen Mittag sind die meisten Männer auf der Jagd nach leeren Pfandflaschen und Groschen, eine dicke Frau wärmt das Nest. Sie sitzt in einem Haufen Lumpen wie eine Birne, ihr Gesicht ist rot und rund, ihr helles leichtes Haar schmückt ein Blumenkranz und diese Blümchen verleihen der Figur einen Hauch erhabener Tragik; von Unschuld und Wahnsinn gezeichnet, ähnelt sie einer betagten Ophelia, der unglücklichen Braut von Prinz Hamlet. Mit dem Blick einer Fünfjährigen schaut sie sich interessiert um – was hat mich hier unter die Brücke, mitten in das Rudel schlafender Hunde verschlagen?

Als ich auf dem Rückweg am frühen Abend die Unterführung passiere, ist die Ophelia von Männern umgeben. Die einen liegen unter ihren schmutzigen Decken und ihr Schlaf ähnelt dem Tod. Die Wachen tafeln, fluchen und lachen. Ihre dunklen Gesichter sind den Bildern von Hieronymus Bosch entsprungen. Ihre Finger sind rot und aufgedunsen wie Bockwürste, die Blicke wirr und abwesend – wer weiß, wo ihre Geister gerade verweilen. Wer sie sind und woher sie kommen, wissen sie oft selbst wohl nicht mehr. Ich lausche ihren knappen Worten und glaube Sprachen zu erkennen, die im Osten des Kontinents gesprochen werden – oder bilde ich es mir nur ein, wohl wissend, dass im Mittelalter hier mehrere Fernhandelswege zusammentrafen, aus Oderberg, Prenzlau, Bernau, Greifswald, Landsberg an der Warthe.

Ursprünglich hieß die Pforte zum Osten *Oderberger Tor*, später trug sie wegen der nahegelegenen Kirche den Namen *Georgen-*, und ab 1701 *Königstor,* anlässlich der Krönung von Kurfürst Friedrich III. von Brandenburg. Dementsprechend wurde auch

Der S-Bahnviadukt hier als Tor zum Westen

die Straße umbenannt, die vom Schloss zum Osttor führte, ihre Verlängerung hieß später *Neue Königstraße*.

Der Vorort vor dem Stadttor galt von Beginn an als wenig attraktiv, auch wegen des Windes, der die Ausdünstungen und den Ruß aus Altberlin überwiegend nach Osten trieb. Der Platz entwickelte sich sporadisch und eigenwillig, seine Umrisse auf den alten Standplänen wirken wie ungeordneter Wildwuchs fern jeglicher Symmetrien – hiermit verkörperte der Ort *den* Osten, wie er in unserer mentalen Geographie vertreten ist.

Das Kernstück des östlichen Vororts war die Georgenkirche, eine der ältesten Kirchen Berlins, aber bei weitem nicht die schönste, denn ihr Geburtshelfer war die Not: Als die Kreuzritter im frühen Mittelalter aus dem Orient Lepra, eine neue

Krankheit, mitbrachten, ließ man hier ein Leprosorium errichten, zu dem sich auch eine Kapelle des Heiligen Georg gesellte. Im Leprosorium (auch Siechen- oder Pesthaus genannt) sperrte man furchtbar entstellte Menschen ein. Auch unter dem wohlklingenden Namen Spital war die Anstalt eine triste Erscheinung, vorgesehen für die ärmsten Kranken oder für Streuner und Fremde, denen wegen eines unappetitlichen Aussehens die Einreise verweigert wurde.

Hier im östlichen, dünn besiedelten Vorort, unweit vom Pesthaus, befand sich auch der Rabenstein, eine der Richtstätten, an denen die Urteile des Berliner Hochgerichts öffentlich vollstreckt wurden.

Ein Blick in die Stadtchroniken aus dem 15. Jahrhundert vermittelt eine Vorstellung von der mittelalterlichen Rechtsprechung: »*Walpurga verbrannt wegen Zauberei mit vergifteten Birnen/ Ein Junge gehangen wegen Diebstahl von Heringen (1402)/ Ein Mann aus Neuhof enthauptet wegen Brandstiftung im Wald/ Ein Mädchen gestäupt, weil sie Salz stahl/ Drei Männer verbrannt, weil sie Blei und Zinn in Spandau als Silber verkauft/ Eine Frau lebendig begraben wegen Hausfriedensbruchs ...*«

Die Hinrichtungen und Peinigungen zogen viel Publikum an und wurden in vielen Vororten von Berlin und Cölln vollstreckt, auch hier vor dem östlichen Tor stand ein Rabenstein, daher nannte man die Gegend auch Teufels-Lustgarten.

An der Stelle, wo sich früher der Rabenstein befand, am heutigen Strausberger Platz, steht eine Informationstafel. Dieser kann man entnehmen, dass hier am 22. März 1540 Hans Kohlhase hingerichtet wurde. Auf der abgebildeten Gravur sieht man den Rebellen in den Händen der aufgeregten Henker, im Hintergrund ist das Osttor mit dem runden Turm zu erkennen und die Nikolaikirche.

Dieser Gedenkstein für die Opfer der Judenverbrennung im Jahre 1510
befindet sich in der heutigen Mollstraße auf der Wiese hinter dem Haus
Nummer 8–13; damals grenzte das Gelände an den Hof der Georgenkirche

Die Vollstreckungen inszenierte man mit viel Mühe und Fantasie: Als 38 Juden 1510 wegen angeblicher Hostienschändung zur Verbrennung verurteilt wurden, baute man eine aufwändige Konstruktion, wie ein zeitgenössischer Chronist berichtet: »*Das Haus, darinnen sie verbrannt sein, ist vier Gemach hoch im Holz wie ein runder Turm gebaut gewesen, darinnen man sie von unten an bis zuoberst ringsumher an den Stricken und auf den liegenden Söllerbalken angeschmiedet hat. Und sind zu diesem Spektakel viel Hundert Menschen von weit abgelegenen Örtern gegen Berlin kommen.*« An dieses traurige Ereignis erinnert eine Gedenktafel an der Stelle, wo die Gebeine der Hingerichteten (angeblich) bestattet sind.

Im Zeitalter der Aufklärung erholte sich das elende Image des Ortes. Der Galgenberg verschwand, das Spital, das früher einem Kerker geähnelt hatte, bekam Züge einer wohltätigen Anstalt. Im 18. Jahrhundert gesellten sich zu dem Viehmarkt und der Wollbörse auch Manufakturen und Militärbauten, und der unförmige Ort bekam zu Ehren des russischen Zaren den neuen Namen. Nun hieß er *Alexanderplatz* vor dem *Königstor*, aber im Volksmund blieb er der *Ochsenplatz* vor dem *Heringstor*. Zu diesem Tor trieb man aus dem Osten Vieh zum Verkauf, brachte Felle, Häute, Getreide, Honig, Wachs und Fische aus der Ostsee in großen Mengen – es roch nach Mist hier, nach Fisch, nach Unrat und Krankheit, nach Soldatenstiefeln und Männerschweiß.

Berliner Chroniken enthalten Klagen von Bürgern aus dem Jahr 1820 über den schlechten Zustand der Straßen in der Königsvorstadt und über den »pestilenzianischen« Geruch, der von den offenen Abwasserkanälen und dem Unrat herrührte, der vor dem Tor abgelagert wurde.

Das ärmliche Osttor blieb traditionell seinem westlichen Opponenten in seinem Rang unterlegen – rund um das Brandenburger Tor vergnügte man sich auf der Jagd und flanierte, vor dem Königstor marschierten Soldaten, grunzten Schweine und blökten Schafe.

Aus dem Osten trafen Wolle und Fleisch ein, aus dem Westen kamen Webstühle für schicke Stoffe, neue Moden und feine Speisen. Als die Berliner Wirtschaft im 18. Jahrhundert boomte, gab es mehrere Manufakturen vor dem Königstor, und noch mehr Militärbauten.

Während der napoleonischen Kriegszüge wurde Berlin beinahe zerquetscht, dem französischen Drang von Westen ausgesetzt und dem russischen aus dem Osten. 1805 besuchte der russische Zar die Hauptstadt Preußens und schon ein Jahr später stolzierte Napoleon vor dem gegenüberliegenden westlichen Tor als Sieger. Sieben Jahre walteten die Franzosen in Berlin, 1813 drangen Kosaken in die Stadt ein und schlugen vor dem östlichen Tor ihre Lager auf.

Aus diesen entgegengesetzten Strömungen, die Berlin wie Ebbe und Flut regelmäßig aufsuchten, kristallisierten sich im Laufe der Jahrhunderte zwei Hälften der Stadt heraus. Eingangs verlief zwischen ihnen eine vage, unsichere Trennlinie, die aber 1961 Stein wurde und sich in eine monströse Mauer mit Todesstreifen verwandelte.

Dank dieser Teilung erst avancierte der unansehnliche, geschäftige Alexanderplatz zu einem modernen Stadtzentrum, verwandelte sich in einen beliebten Treffpunkt, eine Flaniermeile, einen Ort exklusiver Angebote. Wie der Berliner Schriftsteller Jan Eik in einem seiner Essays sagte: »*Der Alex blieb eben der Mittelpunkt unserer kleinen Welt, obwohl er nicht einmal mehr im Zentrum des für uns zugelassenen Teils der Stadt lag.*«

10

Das Alexa.
Die Sporen der Ahnen

Ich kann mich noch gut an die Zeit erinnern, als es das Einkaufszentrum *Alexa* noch nicht gab. Es erschien 2007 an der Stelle der ungeordneten Brache, auf die der Weinachtsmarkt vom Platz herüberschwappte. Das neue Gebäude – rot wie rohes abgehangenes Fleisch, prunkvoll wie Nebukadnezars Gemächer, lang wie ein Schlauch – schmiegt sich eng an den Bahnviadukt. Der Haupteingang befindet sich an der schmalen Stirnseite, die zum Alexanderplatz schaut, vor dem ulkigen, faltigen Blechvordach tummeln sich Menschen. Alle wollen rein – einkaufen, flanieren, plaudern, flirten in den Passagen zwischen den Schaufenstern.

Wo sonst? Es gibt keine Sitzbank in der Nähe des *Alexa*, keinen Brunnen, kein Blumenbeet, keinen Schatten, keinen Kiosk, keine Läden – das Straßenleben spielt sich nun im Einkaufzentrum ab, dient als Komparserie für eine Einkaufsorgie auf 2,5 Hektar mit mehr als einer Million Besucher monatlich.

Kurz und gut, ich habe das rote Haus vom ersten Blick an nicht gemocht, nicht nur wegen seines Äußeren, scheint mir. Eine Rechtfertigung für diese Unliebe fand ich nachträglich, als ich mich in die Biografie des Ortes vertiefte und die Vorfahren des *Alexa* sowie ihre dunklen Geheimnisse aufspürte.

Den Werdegang des Alexanderplatzes zu rekonstruieren ist keine leichte Aufgabe. Er ist nicht unter Aufsicht der Stadtplaner gewachsen, wie seine Pendants vor dem Brandenburger, Potsdamer oder Halleschen Tor.

Der alte Alexanderplatz war ein Wildwuchs, dessen Konturen auf den historischen Karten schwer einzugrenzen sind: kein Hauch von Symmetrie, eine Anhäufung von Gebäuden um eine Straßenkreuzung. Es ist schwer herauszufinden, wo und wann dieses oder jenes Objekt gestanden hat.

Die Modelle der Altstadt im *Märkischen Museum* haben mir bei meiner Enttrümmerungs-Arbeit sehr geholfen. Auf einem von ihnen, das Berlin um 1690 zeigt, gibt es keine Spur von unserem Alexanderplatz; auf einem anderen Modell kann man schon die Konturen der Straßen erkennen, deren Zusammenkunft den späteren Platz ausmacht.

Südlich der Brücke fiel mir ein runder Bau auf, den ich nicht einordnen konnte. Ein Kolosseum an der Spree? Der schicke Kringel befand sich innerhalb des Bollwerks, das mit seinen Zacken dem heutigen Einkaufszentrum *Alexa* in die westliche Flanke stechen würde.

Eine kurze Recherche ergab, dass das runde Haus in der Tat nach antiken Vorbildern gebaut wurde, es war ein Hetztheater, errichtet 1693. Der Auftraggeber war Kurfürst Friedrich III., der angesichts der baldigen Krönung zum preußischen König Friedrich I. seine Residenz architektonisch aufwerten wollte. Neben vielen anderen ambitionierten Bauprojekten, die der werdende König Ende des 17. Jahrhunderts in Angriff nahm, ließ er durch seinen Baumeister Johann Arnold Nering einen Circus bauen, wie bei den Römern.

Das Gebäude sah wie ein halbes Kolosseum aus: Auf der einen Seite der runden Arena erhob sich eine halbkreisförmige Galerie mit Sitzplätzen für die Hofgesellschaft, gegenüber lag der offene Teil des Amphitheaters mit schlichten Bänken für das gemeine Publikum, im Untergeschoss befanden sich die Käfige der Tiere mit vergitterten Zugängen zur Arena.

Modell der Berliner Altstadt im Märkischen Museum (Ausschnitt). So sah die Gegend 1750 aus: Von der Altstadt zu der Brücke über den Graben (der heutigen S-Bahn-Unterführung) führt die Königstraße; ihre imaginäre Verlängerung mündet in die damalige Bernauer Straße; in der unteren linken Bildecke ist die Prenzlauer Straße (heute: Allee) zu erkennen, in der oberen die Landsbergische Straße (heute: Landsberger Allee). In der Bildecke rechts unten ist die Marienkirche zu sehen, und links mittig die bescheidene Georgenkirche.

Obgleich die christliche Welt sich offiziell von den antiken, also heidnischen Gladiatorenkämpfen abgewandt hatte, florierten die grausamen Spiele in Europa bis in die Neuzeit, nur unter anderen Namen. Die Menschenhatz ersetzte öffentliche Hinrichtungen, nicht weniger prickelnd und aufregend als Gladiatorenspiele und dazu umsonst. Die Tierhatz dagegen war keine kostenlose Angelegenheit, dieser Spaß war an erster Stelle für die Mächtigen und Reichen vorgesehen. In der Regel waren es bloß Gehege, in denen man die Tiere bequem jagen und mit Hunden hetzen konnte, wie der Tiergarten hinter dem Brandenburger Tor. Der glanzsüchtige Kurfürst Friedrich III., der Wert auf Eleganz legte, ließ sein »Jagdtheater«[18] in Form eines prachtvollen Circus bauen.

Das Publikum reiste von nah und fern an, um den Anblick der verzweifelten Wesen zu genießen – Bären, Stiere, Auerochsen, Wildschweine, Wölfe und Füchse waren bevorzugte Opfer der Hatz.

Als besonders festlich galten Hetzspiele mit Exoten aus fernen Ländern.Treuer Sohn seiner Epoche, bestimmt durch Verschwendung, Bizarrerie und Schaulust, schickte Friedrich seine Einkäufer 1705 nach Tunis, erwarb Panther, Löwen, Affen und andere wilde Tiere für sein Theater, und sogar einen »Menschenfresser«.

Mit Rücksicht auf ihre Wiederverwertung wurden die großen und exotischen Raubtiere geschont und dienten auch als Sehenswürdigkeit. Wie es dem »Menschenfresser« ergangen ist, habe ich nicht herausgekriegt. Während ich nach seinen Spuren in Berlin suchte, erfuhr ich, dass auch der Nachfolger von Friedrich III., König Friedrich Wilhelm I. (1713–1740 auf dem Thron), eigentlich ein Geizhals und Asket, der damaligen europäischen Mode verfiel und sich »zwölf Negerknaben« anschaffte, die in einer schwarzen Musik-Truppe dienten.[19]

Die Tierhatz lehnte der Soldatenkönig ab, er zog die Jagd in der freien Natur vor und so wurde das Kolosseum nach und nach in eine Kadettenanstalt umfunktioniert und umgebaut. 1777 war Nerings »Kringel« komplett abgetragen und an seiner Stelle ein neues, quadratisch angelegtes Kadettenhaus errichtet worden.

Sowohl dieses als auch das Hetztheater haben streng genommen etwas weiter westlich gestanden, ungefähr da, wo sich heute das Stadtgericht Mitte befindet. Aber in meinen Augen überträgt sich die dunkle, elende Aura des Hetztheaters auf das fensterlose lange *Alexa*-Schloss, das sich an den Viadukt (das einstige Bollwerk) anschmiegt.

In der Wahrnehmung der Berliner übrigens galt diese Ecke seit eh und je als dunkler »Kehrrichtwinkel« des Alexanderplatzes, weil hier nacheinander das Arbeitshaus und das Polizeipräsidium standen, Orte des Jammers und der Repression, dunkle Burgen, wo niemand freiwillig landete.

Aber auch ohne dieses Wissen erschien mir das *Alexa* nie harmlos oder unschuldig. Vor allem abends, wenn die Dämmerung über die Stadt fällt und die Berliner ihren Arbeitsplätzen und Schulbänken den Rücken gekehrt haben, verwandelt sich das Einkaufsparadies in ein Monster, das bei jedem Atemzug große Besuchertrauben einsaugt und ausspuckt.

Eine mehrspurige Fahrbahn trennt das rote Haus vom Alexanderplatz, wenn die Ampel rot ist, tummeln sich Menschenschwaden auf beiden Straßenseiten. Wenn wir bei Grün Richtung *Alexa* aufbrechen, laufen wir entschlossen, Schulter an Schulter und immer schneller, zielstrebig wie Wüstentiere zur Tränke, deswegen bemerkt kaum jemand die Gedenktafel mit dem Hinweis, dass hier vor dem Krieg das Polizeipräsidium stand.

Dieses (1890 errichtet, im Krieg zerbombt und 1957 restlos abgetragen) hatte ein kurzes und bewegtes Leben, überschattet von mehreren Katastrophen. Es war ein riesiges, dunkles Gebäude aus roten Ziegeln und mit getürmten Ecken, von ihm erbte das *Alexa* wohl seine Monstrosität und die rote Färbung. Im Volksmund »Zwingburg am Alex« oder »die rote Burg« genannt, dominierte und überschattete der unbeliebte Riese diese Flanke des Alexanderplatzes.

»Auf diesem Gelände stand bis zu seiner Zerstörung im 2. Weltkrieg das Polizeipräsidium, Ort der Unterdrückung und Verfolgung der revolutionären Arbeiterbewegung. In den Januarkämpfen 1919 besetzten es Berliner Arbeiter. In der Zeit des Faschismus wurden hier Tausende deutsche und ausländische Antifaschisten eingekerkert, mißhandelt und viele ermordet. Sie starben für uns!« (Tafelinschrift)

Joseph Roth, ein virtuoser Chronist der Stadt, beschreibt 1923 in einem Essay in der »Neuen Berliner Zeitung« seinen Besuch in der düsteren Burg. Eigentlich begab man sich hierher, um einen Diebstahl anzuzeigen, ein Visum zu holen, das Fremdenamt oder Fundbüro aufzusuchen, der Autor aber blieb gleich im Parterre stehen vor den Fotografien von Toten, die an den Wänden ausgehängt worden waren.

»Durch den Korridor des Polizeipräsidiums gehen täglich, stündlich sehr viele, Hunderte Menschen und niemand bleibt

vor den Schaukästen stehen, um sich die Toten anzusehen (...)
Diese Toten sind häßlich und vorwurfsvoll und hängen da wie
Gewissensbisse. Sie sind so aufgenommen, wie sie gefunden wur-
den, ein unendlicher Schrecken lagert auf ihren Gesichtern, der
Schrecken des Sterbens. Mit offenen Münden stehen sie, ihr letz-
ter Schrei liegt gleichsam noch in der Luft, man hört ihn, wenn
man sie ansieht. Der Kampf des Todes hält ihre Augen halb of-
fen, das Weiße schimmert unter dem Augenlid. Das sind Bärtige
und Bartlose, Frauen und Männer, Jünglinge und Greise. Sie
wurden auf der Straße gefunden, im Tiergarten, in Spreekanä-
len. Oft ist sogar der Fundort unbekannt oder nicht genau be-
kannt. Die Wasserleichen sind aufgedunsen, von Schlammkrus-
ten bedeckt, sie sehen aus wie schlecht mumifizierte ägyptische
Könige. Die Kruste auf ihren Gesichtern hat Risse und Sprünge
wie eine schlecht verwahrte Gipsmaske. Die Brüste der Frau-
en sind schauderhaft geschwollen, die Züge verzerrt, die Haare
wie ein Häufchen Kehricht auf gedunsenem Kopf. Wenn die-
se Toten Namen hätten, sie wären nicht so vorwurfsvoll. Nach
den Gesichtern und Kleidungsstücken sind sie im Leben nicht
›wohlhabend‹ gewesen. Sie gehören jenen Schichten an, die man
›die unteren‹ nennt, weil sie zufällig unten sind. Es sind Tage-
löhner, Dienstmädchen, die Menschen, die nur schwere Arbeit
verrichten müssen oder verbrecherische, wenn sie leben wollen.
Selten nur wächst so ein Totenkopf aus einem Stehkragen, dem
europäischen Abzeichen des Bürgertums. Fast immer aus offe-
nen, dunkelfarbigen Hemden.«

Der vierstöckige Bau, groß wie ein Wohnblock, hatte mehrere Innenhöfe und beherbergte unzählige Institutionen – von
Reitstall bis Zensurbehörde. Ein dazu gehörendes Gefängnis
für mehr als tausend Insassen erinnerte an Funktion und Geist

seines tristen Vorgängers, des Arbeitshauses, das hier seit 1758 gestanden hatte.

Dieses war ein massives, dunkles, viereckiges Gebäude gewesen, das ebenfalls über Ecktürmchen und Innenhöfe verfügte. Der Eingang wurde von einem Militärposten bewacht, in der Anstalt mit Platz für etwa tausend Menschen lebten und arbeiteten eingesperrt Ganoven, Bettler, Irre, unheilbar Kranke, Prostituierte und verwahrlose Alte und Kinder.

Mir sind solche Häuser aus Charles-Dickens-Romanen als Orte bodenloser Tristesse bekannt. Nach kurzer Recherche stellte ich fest, dass diese Institutionen keine typisch englische Erscheinung waren, sondern seit dem 16. Jahrhundert in ganz Europa florierten. Im 19. Jahrhundert und während der fortschreitenden Industrialisierung wurden immer mehr Menschen »überflüssig«, und die Arbeits- oder Armenhäuser wurden mehr und größer. Es waren riesige Räume, wo Kinder in Kästen, schmal wie Brettsärge, schliefen, oder Kranke in großen schmutzigen Kellern dahinsiechten; oft waren es Hallen zum Bersten voll mit überflüssigen Menschen, manchmal Tausende auf einmal – gleich angezogen und mit gleichem Werk- oder Esszeug: Die Google-Suche überflutete meinen Bildschirm mit Bildern aus dem 19. Jahrhundert, Bilder, die in meiner Wahrnehmung eigentlich im 20. Jahrhundert platziert waren, im Zeitalter von Tyrannei und Zwangsarbeit.

Der Grad der Tristesse solcher Anstalten variierte von Ort zu Ort, das Arbeitshaus am Alex stach durch besondere Hässlichkeit und Brutalität heraus, wie mehrere Augenzeugen aus dem 19. Jahrhundert berichteten. Von »Hölle« war die Rede und von einer »Grabstätte für Alt und Jung«.

Der Alltag hinter den Mauern der Anstalt war hart: Erst 1839 – nach heftigen Protesten der Insassen – wurde die tägliche Arbeit für die Kinder unter zehn Jahren auf zehn Stunden begrenzt.

Im Revolutionsjahr 1848 kam es auch im Arbeitshaus zu Protesten und einer Revolte: Im April protestierten die Insassen gegen das schlechte Essen und gegen das Rauchverbot. Im November begann ein wahrer Aufstand, der niedergeschlagen wurde. 28 Aufständische wurden zu langen Haftstrafen verurteilt, von den März-Revolutionären erhielten diese Menschen keine Unterstützung – so blieb alles beim Alten.

1857 besuchte Max Ring, ein Mediziner und Publizist, den *»Kehrichtwinkel, wo der Ausschuß, das Gerümpel, der Schmutz, die Armuth und das unverschuldete Elend sich zusammenfinden«,* und er fasste seine Eindrücke in einem Essay zusammen. Der Eingang war bewacht, ein junger Arzt führte die genehmigten Besucher durch diese Galerie des menschlichen Leidens. Erst stiegen sie in den Keller ab, wo die Wahnsinnigen hausten, etwa vierhundert Seelen. Danach erkundeten die Gäste die Oberwelt.

»Ueber einen der vielen Höfe gelangten wir nach den folgenden Sälen, wo die unheilbaren Kranken, die Hospitaliten liegen, und das Lazareth sich befindet. Im Vorübergehen warfen wir noch einen Blick auf die Tretmühle, wo von den Gefangenen Gyps zum Düngen zerstossen wird. Die Arbeit ist beschwerlich, einförmig und verlangt gesunde Lungen. Dicht daneben steht ein kleines Gebäude von Holz, worin die Prügelstrafe an den Schuldigen vollzogen wird, welche sich gegen die Gesetze oder die Hausordnung der Anstalt vergehen. In der Mitte steht eine lederne Bank mit Riemen zum Anschnallen versehen, worauf der Delinquent ausgestreckt wird. An den Wänden hängen in einer gewissen Reihenfolge die nöthigen Instrumente zur Züchtigung, Ochsenziemer von ansehnlicher Stärke und Stöcke von jedem Kaliber. Der Vollstrecker des Urtheils, ein großer und starker

Mann, der sich durch seine rothe Nase ganz besonders auszeich-
nete, gab uns die tröstliche Versicherung, dass der dicke Och-
senziemer, der uns einen wahren Schauder einflösste, im ganzen
nur sehr selten zur Anwendung komme. Für die hier herrschende
Humanität legte auch die Angabe des Arztes das beste Zeugniss
ab, dass im ganzen Laufe seiner dreijährigen Tätigkeit erst zwei
Bewohner der Anstalt heimlich entwiechen seien.«

Die Anlage mit mehreren Innenhöfen war wie eine Stadt mit
eigener Kirche, eigenem Leichenhaus, mit Werkstätten und einem Lazarett für unheilbar Kranke. Es gab Räume für Prostituierte und für verwaiste Kinder, die Zigarrenkisten bauten und so
etwas wie Schulunterricht genossen. Unter den Bewohnern des
Hauses gab es Menschen aus allen Schichten, einmal verirrte sich
sogar ein armenischer Fürst hierher. Manchmal waren es aber
auch ganz normale Familien, die hier vorübergehend Unter-
kunft fanden. *»An jedem Quartal, bei jedem Wohnungswechsel*
werden in Berlin eine Menge armer Leute obdachlos; theils weil
sie nicht die verhältnismäßig theuren Mieten bezahlen können,
theils weil sie den Segen der Armuth, eine allzu zahlreiche Nach-
kommenschaft, besitzen.«

Obwohl Max Ring das Haus als *»Kloake für den moralischen*
Unrath der großen Stadt« bezeichnete, beendete er seinen Essay
mit einer optimistischen Note: ein braver Holzhacker packt seinen Hausrat in einen Möbelwagen und strahlt dabei vor Freu-
de – er hat endlich eine Wohnung bei einem Hauswirt gefunden,
der kein Kinderfeind ist.

Während ich nach den Ahnen des Alexa forschte, dachte ich:
Häuser verschwinden nicht spurlos. Wie Lebewesen hinterlassen
sie Erbgut, das nach dem Tod in ihren Nachfolgern weiterlebt.
Manchmal wachsen neue Bauten auf den unterirdischen Funda-

menten wie junge Setzlinge auf einem toten Baumstumpf. Und auch wenn das alte Wurzelwerk komplett herausgerodet wurde, bleiben unsichtbare Sporen in der Erde liegen, um irgendwann, unerwartet und ungebeten, den neuen Bauten die sonderbaren Züge ihrer Vorgänger zu bescheren.

Das *Alexa* erbte seine Farbe vom Polizeipräsidium, der »roten Burg«, und diese ihrerseits korrespondierte in ihrer Form und Funktion mit dem alten Arbeitshaus.

Und die westliche, leicht abgerundete Flanke des *Alexa,* die sich an die Viadukte anschmiegt, sieht wie die abgerundete Wand eines Kolosseums aus, geformt als Steinabdruck der einstigen Arena, wo sich fast zwanzig Jahre lang ein grausiges Theater abspielte.

11

Haus des Lehrers.
Unser Leben

Die meisten Gebäude, die den Berliner Alexanderplatz umsäumen, ähneln sich wie Geschwister: Kastenförmige Stahlskelette, gekleidet in Beton, Aluminium und Glas – den Geboten der Neuen Sachlichkeit folgend, verzichteten die Architekten des 20. Jahrhunderts auf Schmuck und warme Farbtöne, setzten auf Karo und Grau. Nur dem *Haus des Lehrers* wurde eine farbenfrohe Binde umgelegt, das 70 Meter lange Mosaikfries, das die Fassade auf der Höhe des dritten Stocks umfasst. »*Unser Leben*« heißt der bunte Streifen, er zeigt Bauern, Künstler, Wissenschaftler, Soldaten, Arbeiter und Lehrer und ihren märchenhaft heiteren Alltag.

Gebaut wurde das Haus 1964 als Fortbildungsstätte für Pädagogen, anstelle seines Vorgängerbaus aus der späten Kaiserzeit, der den Krieg nicht überlebte. Bekannt gewesen war das alte Haus wegen seiner Nähe zur Linken, am 2. Februar 1919 lagen in seinem Saal die ermordeten Kommunisten Karl Liebknecht und Rosa Luxemburg aufgebahrt. Die DDR-Version des Lehrer-Hauses war für ihr gutes Restaurant bekannt, verfügte über eine Bibliothek, einen Buchladen, Veranstaltungsräume und mehr.

Das Haus, damals voll Leben, ist heute ein öder Bürokasten, in seinem schmucklosen Foyer sitzt ein Pförtner mit misstrauischem Blick, in einer gut versteckten Ecke hinter dem Fahrstuhlschacht hängen Tafeln mit spärlichen Informationen zur Geschichte des Gebäudes und über das Schaffen von Professor Walter Womacka und sein Mosaikfries.

Wandfries von Walter Womacka am Haus des Lehrers

Diese Kunstrichtung hatte in der sozialistischen Zivilisation allerorten Hochkonjunktur. Auch in meiner Heimatstadt am Fuße der Kaukasischen Bergkette gab es öffentliche Gebäude mit solchen sorgenfreien Motiven, in Farbe, Gips, Metall, Keramik oder Glas ausgeführt. Auch die Schule, die ich in den Siebzigern besuchte, trug an der Stirn ein Stuck-Relief mit den Darstellungen idealisierter, heiterer Kindheit. Obwohl diese Szenen mit unserem realen Leben nicht oft übereinstimmten, sah ich diese Bilder nie als Lüge, im Gegenteil. Sie waren ein Beweis dafür, dass ein gutes, ideales Leben möglich ist: ohne Grausamkeit, Ungerechtigkeit, Krankheit und Tod, voll Schaffensfreude und gegenseitiger Zuneigung. Wenn nicht hier, dann anderswo, wenn nicht jetzt, dann später, wenn nicht für alle, dann für mich.

Die Diskrepanz zwischen den ideologisierten, futuristischen Bildern, auf denen es von Raketen, Retorten und Zirkeln nur so wimmelte, und dem einfachen, bäuerlichen Alltag gehörte zu vielen Städten in der sowjetischen Provinz. Es waren die Folgen der Oktoberrevolution, die ihre kühnen Visionen über das Russische Reich stülpte, wo nur etwa ein Zehntel der Bevölkerung lesen konnte. Trotz Bürgerkrieg, Hunger und Terrorwellen stellte jedoch der junge sozialistische Staat die statistische Pyramide binnen zehn Jahren[20] (!) auf den Kopf – zu Beginn der dreißiger Jahre waren fast alle Bürger der UdSSR alphabetisiert.

Der Industrieaufschwung trieb Menschen in die Städte, aber die allermeisten Sowjetbürger blieben im Kern ihres Wesens Bauern mit dem Weltbild eines Winnetou. Wie viele Frauen in unserer Gegend trug auch meine Großmutter, mit der ich lebte, Kopftücher, die älteren Männer Lederstiefel, das ganze Jahr lang, und Schnurrbärte à la Stalin.

An den Orten, wo ich früher mit meinen jungen Eltern gewohnt hatte, waren die Menschen anders gewesen, moderner. Ich – die Fünfzehnjährige - hielt mich auch für anders, für fremd hier, im rückständigen Süden, und schaute mit Verachtung auf meine Nachbarn herab. Aber noch mehr hasste ich mein unscheinbares blasses Gesicht und meinen ungehorsamen hässlichen Körper, in dem mein grandioses, für die Welt unsichtbares Ich eingesperrt lebte. Und ich vermisste meine Eltern, die mich nach der Scheidung zur Großmutter gebracht hatten und auseinander gegangen waren. Der Vater war zurück nach Osten in sein Militärstädtchen gefahren, die Mutter ihrem neuen Ehemann, einem Geologen, auf eine Expedition gefolgt, in ein anderes Leben, wo sie von jungen Menschen umgeben war, die von Entdeckungen schwärmten.

Im Haus meiner Großmutter aber wurde nur über Pastet-chen-Füllungen nachgegrübelt und von edlen Wurstsorten ge-träumt. Im Haus gab es viele kleinere Zimmer mit geblümten Tapeten, langbeinigen Metallbetten und billigen Wandteppichen mit kleinen Quasten unten. Klein und stämmig, war meine Großmutter eine herzliche und sehr tatkräftige Frau. In der war-men Jahreszeit machte sie Vorräte, im Winter verwaltete sie un-sere strategischen Reserven. Ermüdet setzte sie sich abends vor den Fernseher und schlief sofort ein. Lesen hielt sie für Zeitver-geudung, Bücher und Zeitungen erregten in ihr Verachtung und wurden verbrannt, wenn sie nicht für Tütchen oder als Stöpsel taugten. So bewahrte sie sich vor den Versuchen des Staates, sie aufzuklären, und die Geister des Mittelalters konnten unter ih-rem Kopftuch ungestört weiterleben.

Die Schleuse in das Neue, in die Moderne, in die Zukunft war unsere Schule, die hoch über den niedrigen Dächern empor ragte – ein grauer Betonwürfel mit breiten Fluren und großen Fenstern. In den Klassenzimmern hingen Weltkarten, Porträts und Ansich-ten der Weltmetropolen, die in meinem Herzen eine vage Weh-mut weckten und Sehnsucht nach einem anderen Leben. Ich hass-te meine Stadt, meine Schuluniform und meinen Alltag. Ich war verzweifelt. Und dann kam sie in mein Leben: Vera Omarovna.

Es war am ersten Tag meines neunten Schuljahres. »Das ist eure neue Lehrerin für Muttersprache und Literatur, frisch aus der Universität. Ihr werdet sie sicher ins Herz schließen«, sagte der Direktor und ging hinaus.

Ein leichtes Raunen huschte durch die Klasse – letzte Stunde, draußen schien die Sonne. Literatur war bei uns nicht sonderlich beliebt und diese neue Lehrerin sah eher uninteressant aus. Sie hatte keine langen Haare und keine langen Beine, keine bunte Hippie-Bluse oder Schlaghose. Sie trug eine langweilige Pagen-

Frisur, ein graues Kostüm mit geradem Rock und Pumps mit hohen Absätzen. Ihr Gesicht mit der schmalen Adlernase schien banal, ungewöhnlich große, in Gold eingefasste Amethyste in ihren Ohrringen passten eher zu einer älteren Dame als zu jemandem, der eben noch Moskauer Studentin gewesen war. Sie sagte nichts, wartete bis das Raunen verstummte, hüstelte sich den Hals frei und sagte:

»Ich liebe Bücher über alles und will, dass ihr das auch tut. Es ist mir sehr, sehr wichtig.« Sie machte einen Schritt nach vorn, fuhr ihr Kinn hoch und unterrichtete uns über die Vorteile ihres Faches. Sie redete laut, eindringlich und schnitt mit der Handfläche die Luft in Scheiben, als ob sie ein Gedicht über Helden der Revolution vortragen würde. An das Loblied der Literatur kann ich mich auch heute, nach mehr als vierzig Jahren, gut erinnern, nicht wörtlich natürlich.

Nicht Werkzeug hätte uns den Sprung vom Tier zum Menschen ermöglicht, wie Marx behauptet, und nicht die Liebe, wie Backfische in ihre Alben schreiben, sondern Literatur, verkündete sie resolut und überschüttete uns mit Beweisen:

»Eine Sau kann selbstlos lieben, ein Rabe kann Werkzeug benutzen, Biber können Häuser bauen, aber Geschichten erzählen – das kann nur ein Mensch. Eine Geschichte ist ein Fahrschein für eine Reise quer durch die Jahrhunderte und quer durch die Welt – ohne Mühe und Geld kann man an einem Abend Altbabylon, Stadt der Macht, besuchen und Paris, die Stadt der Liebe. Länder, Dörfer und Kontinente liegen einem Lesenden zu Füßen. Und mehr noch: Literatur ist die einzig wirksame Medizin gegen das Verschwinden, gegen den Tod, vor dem wir uns alle so fürchten!« Während sie das sagte, schaute Vera Omarovna zu mir, als wüsste sie, dass ich in dieser Phase meines Lebens viel über den Tod nachdachte und seine Unabwendbarkeit. Wird die

Welt merken, falls oder wenn ich nicht mehr da bin? Diese Frage quälte mich Tag und Nacht – ich war ganz Ohr.

»Die meisten Menschen, die unsere Erde vor uns bewohnt haben, sind weg, verschlungen von dunklen Abgründen. Nur solche, die das Geheimnis des geschriebenen Wortes kannten, sind weiter unter uns – wir kennen ihre Namen, wir hören ihre Stimmen. ›Lies, lies bitte meinen Namen laut vor, du, der du diese Schrift siehst, für dich ist es leicht wie ein Atemhauch, und für mich heißt es ewiges Leben!‹ Solche Botschaften für die Nachwelt ließ man im alten Ägypten in Stein meißeln, und tatsächlich sind ihre Stimmen auch nach tausenden Jahren unter uns. Nicht Zahl« – Vera Omarovna stach mahnend mit dem Zeigefinger gen Himmel – »und nicht Bild ist der Speicher der Ewigkeit, sondern Buchstabe, Wort, Geschichte, Literatur!«

Die kräftige elegante Frau dachte schnell und lachte laut. Sie konnte autoritär, warmherzig, giftig oder unfair sein, aber sie war nie gleichgültig und das wirkte ansteckend. Aus den Helden der Literatur, die wie Schablonen in Lehrbüchern lebten, machte Vera Omarovna Menschen voll Blut, Leidenschaft, Rotz und Liebesdurst, wie die Kinder, die vor ihr saßen.

Gogol, der im Lehrbuch als ein braver Kritiker des zaristischen Russlands und Bauernfreund galt, präsentierte sie als einen erbärmlichen Neurotiker, fromm und widerlich: Seine Haut hatte einen kranken, gelblichen Teint, sein glattes Haar war speckig, seine Ohren voll Schmalz und er hasste seine Nase, die ihm zu groß und markant schien und gar nicht zu seinem Gesicht passend. Seine Lieblingszerstreuung war, Eidechsen mit dem Stock zu erwischen, um dann zu beobachten wie sie, die Scheusale, qualvoll verendeten. Und dennoch tat er uns leid, als er langsam dahinsiechte, durch religiösen Wahn zerstört, zerfressen von der Angst, lebendig begraben zu werden.

Welcher Heranwachsende kennt nicht den Hass auf die eigene Nase, die Angst vor Grausamkeit und Tod, den Durst nach Liebe, Treue und Gerechtigkeit?

Oft wich sie vom Lehrplan ab und präsentierte uns Texte, die ihr am Herzen lagen. Ich kann mich gut an eine kurze Erzählung von Lew Tolstoi erinnern, die unsere Lehrerin uns vorlas, genauer gesagt vortrug – sie war ein Bühnentier. Diese angeblich wahre Geschichte einer ungewöhnlichen Freundschaft ereignete sich in London in einem Wanderzoo, wo man den Eintritt mit Katzen oder Hunden bezahlen konnte. So brachte ein Besucher ein kleines Hündchen mit und es wurde dem Löwen im Käfig als Futter vorgeworfen. Als dieser sich seinem Fraß näherte und das Hündchen anfassen wollte, sprang es plötzlich auf und tanzte auf den Hinterbeinen. Der Löwe schaute aufmerksam zu, fasste den Hund nicht an und allmählich wurden die beiden Tiere Freunde. Der grimmige Löwe teilte seine Mahlzeiten mit dem heiteren kleinen Hündchen, spielte mit ihm, und als dieses nach einem Jahr starb, weigerte sich der Löwe zu fressen, er roch und leckte den kleinen toten Körper ab und berührte ihn leicht mit den Tatzen. Als er endlich verstand, dass der Hund tot war, wütete er den ganzen Tag im Käfig, dann legte er sich neben den toten Gefährten und wurde still. Der Zoodirektor warf einen anderen Hund in den Käfig, aber der Löwe tötete ihn und kehrte zurück auf seinen Posten. Fünf Tage lag er still da, seinen toten Freund mit den Pfoten schützend, und am sechsten Tag starb auch er, der Löwe.

Während die Lehrerin diese Geschichte vortrug, war es sehr still im Raum. Viele mussten ihr Gesicht zum Fenster wenden, um ihre erröteten Augen mit den aufsteigenden Tränen zu verstecken. Obwohl in unserer dorfähnlichen Gegend fast auf jedem Hof ein Hund an der Leine lebte und auch herrenlose

Haustiere keine Seltenheit waren, machten sich viele von uns damals vielleicht zum ersten Mal in ihrem Leben Gedanken über die Empfindungen und das Los, ja vielleicht die Seele scheinbar wertloser Hunde.

Wenn der Schulstoff keine spektakulären Szenen bot und die Spannung in der Klasse nachließ, steuerte Vera Omarovna eine bombastische Geschichte aus ihrer privaten Sammlung bei: Ich weiß immer noch, dass die Novellen von H. G. Wells eine enorm bannende Wirkung auf uns hatten. *»Die Insel des Dr. Moreau«* bleibt für mich bis heute in ihrer Gruseligkeit unübertroffen. Der Protagonist gerät auf eine abgelegene Insel, die nachts durch furchtbares mysteriöses Geschrei erschüttert wird. Langsam kommt der Held dem schaurigen Geheimnis auf die Spur: Ein Wissenschaftler operiert Tiere, um ihnen eine Menschengestalt zu verpassen und zwingt diese Kreaturen mit Gewalt, sich entsprechend zu benehmen – es ist ihnen verboten auf allen vieren zu laufen und zu jagen. Aus Angst, wieder auf die sadistische Schlachtbank zu geraten, halten sich die Kreaturen an die Regeln, aber nicht lange … Damals waren wir von dem Text stark beeindruckt, ja erschlagen, ohne zu wissen, dass diese 1898 verfasste Geschichte die wichtigste Fragestellung des kommenden 20., also unseres Jahrhunderts voraussah: Darf man Menschlichkeit mit unmenschlichen Mitteln durchsetzen?

Vera Omarovna beherrschte alle Register der Gefühlsorgel meisterhaft und kam auf diese Weise ihren Schülern sehr nah, sie verstand es gut, uns zu reizen, uns zum Reden und zum Schreiben zu bewegen. Unsere Aufsätze zu verschiedenen Themen sammelte sie dann ein und besprach die Texte mit jedem einzelnen Schüler separat.

»Ich habe dein Opus gelesen«, sagte Vera Omarovna, als wir uns eines Tages auf dem Heimweg begegneten. Wir liefen ein

Stück nebeneinander. Mit ihrem eleganten Anzug wirkte sie in der ländlichen Gegend fehl am Platze, ihre hohen Absätze versanken bis zur Hälfte im Staub. »Willst du reinkommen?«, sie blieb vor dem Zauntor stehen und winkte einladend mit der Hand.

Sie wohnte mit ihrem Freund zusammen, das Paar hatte ein Zimmer in der benachbarten Straße gemietet. Wir liefen durch den mit Weintrauben zugewucherten Hof am Haupteingang vorbei und blieben vor der niedrigen Tür stehen. Ein winziger Flur mit Kochnische, WC, Dusche und ein Zimmer mit einem Fenster, das mit gelben Gardinen zugezogen war. Die Hälfte des Raums war durch ein unaufgeräumtes Bett belegt, das die Gastgeberin gleich mit einem karierten Tuch bedeckte und mir als Sitzgelegenheit anbot. »Es ist eng hier, dafür aber haben wir einen eigenen Eingang, das ist uns wichtig. So sind wir frei.« Während sie uns im Flur Tee bereitete, schaute ich mich um.

Auf der Stuhllehne hingen mehrere Männerhemden, über ihnen wallte eine hauchdünne Damenstrumpfhose, deren Fußspitzen in die gleiche Richtung zeigten. Auf dem Tisch lagen Pinsel und Stifte und Papierblätter, die Vera Omarovna wegschob, um Platz für zwei Tassen freizuräumen.

»Ist ihr ... Mann ein Maler?«

»Ja. Jussuf ist ein toller Künstler, ja.« Sie reichte mir die Tasse und fischte mein Heft aus ihrer Tasche: »Lies bitte laut vor!«

Das vorgegebene Thema des Aufsatzes lautete: *»Ein Tag aus dem Leben meiner Familie«*. Ich hatte mich lange gequält, etwas Bemerkenswertes in unserem – meines und meiner Großmutter – unscheinbaren Alltag zu finden. Eigentlich hatte ich vorgehabt, meine dumme Großmutter, die so einfach wie ein geschäftiges Murmeltier lebte, zu denunzieren, sie klein zu machen und

121

mich über ihrer Kleinheit zu erheben, aber meine Lehrerin las das anders:

»Dir ist ein wunderbares Porträt gelungen! Vor allem die Stelle, wo deine Großmutter sich mit dem schwarzen Huhn streitet, oder hier«, sie schlug das Heft auf: »Ihre Hände sind rissig wie Wurzeln, sie ist klein und stämmig und hat eine Entennase und schwarze Augen. Die Fäuste in die Seiten gestemmt, steht sie, die Glückliche, vor den frischgebackenen Teigtaschen – alle gleich, alle mit glatten Rücken wie ein Regiment riesiger Käfer«, las sie laut und fügte nach einer kleinen Pause hinzu: »Wun-der-bar! Tolle Arbeit, große Begabung!«

Ich nippte an meinem Tee, der immer noch so heiß war, dass ich mir den Mund verbrühte. Die Hitze und der Schmerz drangen durch meinen Körper wie ein Stromschlag. Mein Leben war verwandelt. Vera Omarovna schien meine Verwirrung nicht zu bemerken, sie reckte sich, schloss ihre Hände am Hinterkopf, lehnte sich weit zurück und schaute mich aus schmalen, aufmerksamen Augen an.

»Deine Eltern arbeiten im Norden, habe ich gehört?«

»Meine Mutter und ihr Mann, der Geologe«, präzisierte ich mit Nachdruck.

»Wie spannend! Ein Leben voller Abenteuer. Mein Jugendtraum – bärtige Männer, Tage voll Entbehrungen und weiße Polarnächte. Aber mein Vater war dagegen. Er ist sehr streng, Kommunist, alte Garde und ein großes Tier in der Partei«, während sie so plauderte, legte sie ihre schweren Ohrringe ab, ihre engen Schuhe und zündete eine Zigarette ein.

Dieser Tabakdunst, dieses sündhafte Durcheinander von Männer- und Damenkleidung, diese schmalen, gepflegten Füße, ein halbzimmergroßes Bett, Pinsel und Farben – dieses Zimmer war ein Zauberkasten. Ein Windzug spannte die Gardine wie ein

Segeltuch auf, Zigarettenqualm wogte über unseren Köpfen wie Wolken, ich fühlte mich für einen Augenblick seekrank. Vera Omarowna war die erste Frau, die ich jenseits der Leinwand rauchen sah. Und die erste Frau, die zur Miete wohnte, und dazu mit einem Mann, der nicht ihr Ehemann war.

»Wenn du bereit bist, auf mich zu hören, bereite ich dich auf den Literaturwettbewerb der Schulen vor – willst du?«

Noch vor Kurzem hatte ich mich hier ganz klein und verklemmt gefühlt, und nun wurde ich plötzlich groß und allmächtig, fast ebenbürtig mit der wunderbaren Frau, die mir ein geheimes Bündnis angeboten hatte.

Diese Minuten machten all die Jahre wett, die ich mich hässlich und verloren gefühlt hatte. Mein Leben hatte auf einmal einen Sinn – meine Lehrerin nicht zu enttäuschen.

Bald stellte sich heraus, dass alles, was ich für Vera Omarovna und für ihr Lob machte, auch mir guttat. Als ich auf ihren Rat hin nach Leningrad zum Studium ging, war sie stolz auf mich. Als ich in meinen ersten Ferien nach Hause zurückkehrte, waren wir wie Freundinnen. Aber später, während der Wende, die Millionen Bürger der ehemaligen Sowjetunion betäubte, zertrampelte oder auseinander schleuderte, verlor ich sie aus dem Blick.

Als ich meine Großmutter Anfang der Neunziger besuchte, wohnte Vera Omarovna nicht mehr in der Stadt und niemand wusste, wo sie war. Die Nachbarn erzählten, dass ihr Freund kein Künstler gewesen sei, sondern ein Geldfälscher, der dann untertauchen musste. Diese Gerüchte kompromittierten meine Lehrerin in meinen Augen keinesfalls – im Gegenteil. Verschollen und unerreichbar verwandelte sie sich in einen Mythos. Im Geiste redete ich oft mit ihr, versuchte aber nicht, nach ihr zu fahnden.

Es sind vierzig Jahre seit meiner Schulzeit vergangen, vor einiger Zeit aber begegnete ich dann im Internet Menschen, die mir Auskunft über meine Lehrerin geben konnten: 1993 war Vera Omarovna mit ihrem Mann nach Israel ausgewandert, von da siedelten sie in die USA über, wo ihr Sohn zur Welt kam – ihr spätes Glück. Die Familie wohnte in einer Stadt an der Grenze zu Kanada, deren Name mir nichts sagte. Eine Antwort auf meine Mail kam schnell, wir verabredeten uns zu einem Telefongespräch.

Ich wurde beinahe ohnmächtig, als ich ihre Stimme hörte, sie wusste sofort wer ich war und überschüttete mich mit Fragen. Meinen Lebenslauf reduzierte ich auf ein Dutzend Sätze. Ich fasste mich kurz, und fragte, wie es ihr gehe. Vera Omarovna erzählte, auf welchen Wegen sie in die USA gekommen waren, wie schwer sie es am Anfang hatten und wie gut es ihnen jetzt geht. Ihr Sohn arbeitet als Notar, sie und ihr Mann führen ihre eigene Firma, die »Cleaning-Star« heißt. Sie beschäftigen über hundert Reinigungskräfte und diese machen Einkaufshallen und Bürohäuser sauber und zwei sehr prominente Anwaltskanzleien. Bald hoffen sie, sogar von der Stadtverwaltung Aufträge zu bekommen, weil ihre Firma einen sehr guten Ruf hat. »Bei uns wird nicht irgendwie mit einem schmutzigen Mob hin und her gefahren. Wir kommen unangekündigt und gucken, was unsere Arbeiter so machen. Wenn sie faul sind, fliegen sie sofort raus.« Sie redete und redete, und von Minute zu Minute stieg meine Ungeduld: Wann wenden wir uns unseren wichtigen Themen zu?

Ich hatte mich für dieses Gespräch den ganzen Tag lang vorbereitet, schöne kluge Sätze im Kopf zurechtgelegt, mit denen ich vor meiner Lehrerin glänzen könnte. Während ich mich für dieses Gespräch rüstete, sah ich vor meinem inneren Auge, wie Vera Omarovna zum ersten Mal vor unserer Klasse erschienen war. Wie sie die Buchstaben pries, die Wunderwaffe gegen Tod und Verschwinden. Diesmal am Telefon aber hörte ich kein erhabenes Wort, war keine Rede von ägyptischen Epitaphien, griechischen Göttern oder der heiligen russischen Literatur, ihre Begeisterung galt ihren Pelzmänteln und ihrem Haus mit dem Swimmingpool, 50 × 30 Meter. Sie klärte mich lange über die Parameter ihrer drei Autos auf, eins von ihnen lag ihr besonders am Herzen: »Es ist ein Löwe, ein Wunderwerk! Ich schicke dir gleich ein Foto.«

Still und geduldig hörte ich mir an, wie Vera Omarovna mit ihrem Mann und ihrem Sohn neulich einen Ausflug in ihrem Mercedes zu den Niagarafällen gemacht hatten.

Meine Ohren schmerzten. Ich hoffte im Geheimen, dass der Augenkontakt etwas ändern könnte und schlug vor, die Kamera einzuschalten. Sie schickte sich gleich an, ihr Haus zu zeigen, aber als erstes sah ich sie, meine Lehrerin. Sie sah etwas älter aus als ihre fünfundsechzig, obwohl ihr Haar schwarz gefärbt war, was ihr nicht stand. Genauso wenig passte dieses Haus zu ihr, voll Plüschtieren, Orchideen, Ledersofa, Vasen und dicken Teppichen. Kein einziges Buch, nirgendwo.

»Meine einzige Sünde!«, seufzte Vera Omarovna laut, als eine Schachtel »Toffifay« in die Kamera geriet. »Ich habe Diabetes, aber ich kann die Finger nicht davon lassen.«

Wenn sie über ihren kranken Körper erzählt hätte und über ihr Leiden, hätten wir uns vielleicht wieder näherkommen können. Aber Vera Omarovna erzählte von ihrer privilegierten Krankenkasse, von Beiträgen, Zuschüssen und Rabatten – es war nicht auszuhalten, die Zahlen und Ziffern klirrten schmerzhaft in meinen Ohren.

»Die Buchstaben«, sagte ich leise.

»Was?«, fragte Vera Omarovna.

»Die letzten zwei Buchstaben sind bei uns anders, hier heißen diese Bonbons »Toffifee«, mit EE am Ende«, sagte ich und verabschiedete mich höflich.

Seitdem habe ich mich nicht mehr bei ihr gemeldet. Aber ich schaue mir oft das Foto in meinem Handy an, das sie mir nach unserem Telefongespräch geschickt hatte: Ihr hagerer Mann, ihr rundlicher Sohn und sie, viereckig wie ein Schrank, stehen neben einem schwarzen Auto, in dessen hinterem Fenster ein Plüschtier zu sehen ist, ein Tausendfüßler mit bunten Gliedern, runden Augen und breitem, hohlem, idiotischem Lächeln. Wenn ich das Gesicht von Vera Omarovna mit Zoom vergrößere und es ohne ihr pechschwarzes Haar, ohne Swimmingpool und Tausendfüßler sehe, wird mir jedes Mal klar, dass ich sie immer lieben werde.

Wenn meine Lehrerin nur keine Reinigungs-Firma, sondern einen Karusselbetrieb, ein Spielkasino oder Restaurant besitzen würde! Und statt eines Mercedes einen alten Jeep!, ärgerte ich mich anfangs. Inzwischen habe ich mich beruhigt – was geht mich an, wie sie heute lebt und was sie liebt? Ich war die Raumkapsel und sie war meine Raketenträgerin, die mich auf meine Bahn geleitet hat, der ich jetzt folge – ich arbeite an einem Buch über den Alexanderplatz und bin hier oft unterwegs.

Heute ist der Platz leer und beeindruckend wie eine biblische Wüste. Ich habe mich oft über seine Besucher ausgelassen, über seine Übervölkerung und Überflutung mit Marktbuden beschwert und der Himmel hat meinem Gejammer nachgegeben, nur setzte er den Preis unangemessen hoch an – die Seuche. Der Alexanderplatz in Quarantäne gefällt mir gut, die Nacktheit macht seine Anatomie sichtbar und seine beeindruckenden Dimensionen spürbar; ich kann ihn in seiner Ganzheit sehen, so wie er vielleicht in seinem pränatalen Leben im Architektenbüro als ein Modell glänzte.

Ich drehe eine Runde über den leeren Platz und bleibe vor dem *Haus des Lehrers* stehen.

Das bunte 70 Meter lange Mosaik ist ein Augenfänger, nicht zu übersehen. Ein Glück, dass es nicht abmontiert wurde, wie so viele Kunstwerke dieser Art nach der Wende. Ja, ich liebe diese Bilder, für mich sind sie eine Luftbrücke in meine Kindheit, in meine Jugend, als eine inzwischen versunkene Zivilisation alles auf kollektiven, verordneten Zukunftsoptimismus setzte und dabei den Kampf um die Gegenwart verlor.

12

Die Georgenkirche.
Die toten Seelen

Ich bin am letzten Punkt meiner Reise angelangt und stehe vor dem *Haus der Statistik*, da wo die Karl-Marx-Allee sich in die Alexanderstraße verwandelt, die den Platz östlich abgrenzt. Im Unterschied zur gegenüberliegenden westlichen Seite, deren Konturen durch Mauern und dann durch den Viadukt immer fixiert waren, wechselte die östliche Flanke des Platzes oft Verlauf und Konturen.

Noch vor dem Krieg war diese Ecke sehr dicht bebaut, die Wohnblöcke, die sich um die Georgenkirche gruppierten, besetzten einen bedeutenden Teil des heutigen Alexanderplatzes. In einem dieser Häuser befand sich die Apotheke,[21] in der Theodor Fontane gearbeitet hat. Sie wurde größtenteils von armen Kunden frequentiert, es waren kleine Kaufleute, Handwerker und Arbeiter mit vielen Kindern. *»Für letztere wurde seitens der Armenärzte meist Lebertran verschrieben damals, (…) und ich habe, während meiner ganzen pharmazeutischen Laufbahn, nicht halb so viel Lebertran in Flaschen gefüllt wie dort innerhalb weniger Monate. Dieser Massenkonsum erklärt sich dadurch, dass die durch Freimedizin bevorzugten armen Leute gar nicht daran dachten, diesen Lebertran ihren mehr oder weniger verskrofelten Kindern einzutrichtern, sondern ihn gut wirtschaftlich als Lampenmaterial benutzten«*, spöttelte Fontane in seinen Erinnerungen über die Bewohner des armen Ostens.

Am Ausklang des 19. Jahrhunderts wurde anstelle der alten eine neue Georgenkirche errichtet – imposant und beeindruckend. Sie war aber eng mit Wohnblöcken umstellt und vom Alexanderplatz aus war nur ihr neogotischer 106 Meter hoher Spitzturm zu sehen.

Einige weitere repräsentative Bauten aus der Kaiserzeit, die neben der neuen Kirche die Gegend aufwerten sollten, respektierten den Grundriss des Platzes, zwängten sich in die alten Formen. Auch damals hatte er die Form einer dicken Schnecke, die sich an die Staumauer, und später an die Stadtbahn schmiegte.

Beim Ausbau der unterirdischen Verbindungen (vor allem der heutigen Linie U5 im Jahre 1927) änderten sich die Konturen des Platzes bedeutend, die alten Wohnblöcke wurden abgetragen, auch das Haus mit den Widderköpfen verschwand. Nun schaute die Georgenkirche unmittelbar zum Alexanderplatz und konnte in ganzer Pracht glänzen, aber nicht lange: im Krieg beschädigt, wurde sie 1950 gesprengt.

In den folgenden Jahren mussten auch die anliegenden Bauten und ganze Wohnviertel den großangelegten Plänen weichen. Viele ehrgeizige Ziele haben sich die Architekten damals gesetzt und auch erreicht. Eins davon war die Senkung der Bebauungsdichte, womit es die Stadtplaner hier an der südöstlichen Flanke des Alexanderplatzes eindeutig übertrieben: die Kreuzung ist flach und groß wie eine Flugbahn. Auch die breiten Bürgersteige sind oft leer – hier wohnt keiner, es gibt keine Kneipen, Imbisse und kaum Geschäfte. Nachts sind die hohen Bürohäuser tot, aber auch tagsüber wirken sie gespenstisch. Das zweckentfremdete *Haus des Reisens* beherbergt in seinen oberen Etagen Kanzleien, Bars, Apartments, Studios und ähnliche Einrichtungen; im Erdgeschoss haust ein Second–Hand-Laden, ein Zufluchtsort herrenloser Kleider, die das Unglück hatten, ihre einstigen Besitzer zu enttäuschen oder zu überleben.

Das Haus der Statistik im Umbau

Das leergeräumte, unübersichtlich große *Haus der Statistik* auf der gegenüberliegenden Seite steht seit mehreren Jahren leer, mit scheibenlosen Fenstern und zugenagelten Türen. Aber das wird nicht mehr lange so bleiben – das Haus hat vor, sich mit jungem und kreativem Volk zu füllen und sich in einen summenden Bienenstock zu verwandeln.

»Nicht sein, aber immer werden« lautet das berühmte Berliner Statut, und so wird auch der Alexanderplatz nie zur Ruhe kommen, bald werden neue Wolkenkratzer sein heutiges Gesicht unkenntlich machen.

Bevor neue Bauten errichtet werden dürfen, untersuchen Archäologen den Boden und legen tote Wurzeln der Altstadt frei. In der Baugrube auf der abgezäunten Parzelle neben dem

Hotel *Park Inn*, wo bald ein Hochhaus entstehen soll, entdeckten Archäologen die Fundamente des alten *Grand Hôtels*, das hier seit Ende des 19. Jahrhunderts stand und bis zum Krieg den Platz östlich abgrenzte. Ans Tageslicht wurden Tassen, Milchkännchen und Zuckerdosen gefördert und ein alter Café-Tisch. Ebenda in der Erde stießen sie auf Fragmente eines noch älteren Kalksteingebäudes, vermutlich des *Stelzenkrugs*, der bekannten Gaststätte am zentralen Viehmarkt, die sich bis ins Jahr 1571 zurückdatieren lässt.

Neben dem heutigen Geschäftshaus »*die mitte*« ist ebenfalls eine Parzelle zur Bebauung freigegeben und abgesperrt. Ungefähr an dieser Stelle befand sich das ruhmreiche *Haus mit den Widderköpfen*, das neben dem *Stelzenkrug* und der *Jung'schen Apotheke »Zum schwarzen Adler«* für die Identität des alten Alexanderplatzes unentbehrlich war.

Die älteste und wichtigste Institution aber, der Montagepunkt des ganzen Vorortes war die Georgenkirche. Es war nicht leicht herauszufinden, wo sie sich genau befand – immer, wenn ich versuchte, die aktuellen Stadtkarten mit den alten zu vergleichen, traute ich meinen Augen nicht – die Straßen verdoppelten sich, änderten ihren Verlauf oder verschwanden, neue kamen dazu.

Auch die alte St. Georgenkirche wechselte von einer Karte zur anderen ihren Standort, rutschte hin und her. Allem Anschein nach überschnitt sich ihr Grundriss teilweise mit dem des *Hauses des Reisens* und griff weit in die Fahrbahn der heutigen Otto-Braun-Straße hinein. Kein Stein, kein Wort, kein Bild erinnert uns heute daran, dass sich hier die St. Georgen-Kirche befand, damals die zweitgrößte Kirche nach dem Berliner Dom.

Die Suche nach den Spuren der verschollenen Kirche führte mich zum *Verein für die Geschichte Berlins*, der seit 1865 Hei-

St. Georgenkirche, 1931

matkunde betreibt. Seinen Publikationen kann man entnehmen, dass nur wenige Fragmente ihrer Einrichtung die Sprengung überlebten. Die bedeutendsten von ihnen sind Epitaphien, mit denen die Innenräume der Kirche ausgestattet waren. Es handelt sich um fünf Steintafeln mit Lebensbeschreibungen angesehener Gemeindemitglieder, sie alle stammen aus dem 18. Jahrhundert.

Es bleibt ein Geheimnis, wer die massiven Platten rettete und in der alten Wandgruft auf einem benachbarten Friedhof versteckte, aber auch da waren sie nicht sicher. Nur dank des *Vereins für die Geschichte Berlins* entkamen die obdachlosen Steine der Vernichtung, sie fanden Herberge auf dem Alten Parochial-Kirchhof, wo sie als Gäste im Erbbegräbnis der Familie des Lotteriedirektors Brink logieren.

In dem kleinen abgeschlossenen Mausoleum, dessen Wände sie schmücken, sind die Epitaphien gut geschützt, aber leider auch gut versteckt und damit zweckentfremdet. Denn ursprünglich hingen sie an der Kirchenwand, für alle Besucher sichtbar, sie waren für die Augen der Lebenden bestimmt, unter ihnen wollten die Verstorbenen ewig bleiben.

»Lies, lies bitte meinen Namen laut vor, du der diese Schrift siehst!«, hieß laut meiner Lieblingslehrerin die Formel der Unsterblichkeit, die Altägypter auf ihre Grabsteine meißeln ließen. Die Altberliner meinten es mit ihren Epitaphien nicht anders und ich tue ihnen hier am Ende den Gefallen, wenigstens einem von ihnen:

»Herr Johann Lysius war im Glauben christlich, im Leben unsträflich, im Lehren gründlich, im Ermahnen beweglich, im Bestraffen ernstlich, im Trösten herzlichst, in allem erbaulich. Dieß ist ein kurtzer Entwurf seines 18jährigen Lehramtes, da er das Zeugniß erlanget, daß er ein Freund Gottes und ein getreuer Knecht seiner Gemeinde in Hohen Fien: bei den Armen und zu St. Georgen gewesen, nachdem er 41 Jahr alt worden und am 15. Oct. 1716 diese Welt verlassen, ruhet Seine Seele in der Hand Gottes, und Sein Leib überstehet hierselbst die Verwesung.«

Von den fünf Epitaphien ist dieses das älteste und es gilt einem Prediger und Wahlberliner, der davor in Hohen Finow gedient hatte. Es ist nicht überliefert, wie er starb, über seinen Lebensweg wissen wir dank des *Vereins für die Geschichte Berlins* mehr: Er wurde am 14. Oktober 1675 in der Familie eines Pastors in Flensburg geboren, wo er die Stadtschule besuchte und auch Privatunterricht bekam. 1692 begann er das Studium an der Königsberger Universität, dann wurde er Priester in Hohen Finow und ab 1700 diente er in der St. Georgen-Kirche, wo er zuletzt zweiter Prediger war.

Ob er tatsächlich »gründlich, beweglich und ernstlich« gewesen ist, wie das Epitaphium uns versichert, können wir nicht wissen. Aber es gibt in seinem Lebenslauf eine Episode, die ich als Hinweis auf seine Herzlichkeit deute: Als sein Vater krank wurde, brach Johann Lysius sein Studium in Königsberg ab, um seine Familie in Flensburg zu unterstützen.

Ich weiß nicht, wie er aussah, aber in meinem Geiste sehe ich ihn als einen nicht großen, etwas fülligen Menschen. Er trägt enganliegende Strümpfe, Kniehose, der langer Mantel ist dunkel, das Halstuch hell. Sein dunkelblondes Haar hängt nach der damaligen Mode bis zum Schlüsselbein; seine runden, vom Lesen geschwächten Augen wirken kindisch, ja scheu, wie er vielleicht auch sonst im Leben ist. Nur wenn er in seiner ungewöhnlich tiefen lauten Stimme in der Kirche singt, verwandelt er sich in einen Löwen:

Ach gib, dass ich mich halte
Zu dir und deiner Treu
Und wenn ich nun erkalte
In dir mein Ende sei ...

Zu Beginn des 18. Jahrhunderts, als Johann Lysius seinen Dienst in der St. Georgen-Kirche antrat, entwickelte sich Berlin rasant: die Verwüstungen des Dreißigjährigen Krieges waren Geschichte, die französischen Hugenotten brachten elegante Sitten mit, die Krönung von Kurfürst Friedrich III. gab Architektur und Kunst neue Impulse. Es war eine bewegende Übergangsphase zwischen dem alten und dem neuen Zeitalter, ein wenig wie die Berliner Zwanziger oder wie meine Neunziger: eine zwiespältige Zeit, günstig für lebhaftes Kunstleben und vielerlei Aufklärung, aber auch für grausame Tierhatzen oder die Ausbreitung von Hurerei und Genusssucht.

Tunnel am Alexanderplatz

Vor den Augen von Johann Lysius verwandelte sich Berlin, das graue Entlein, in ein Spree-Athen. Die Lindenallee mit den beiden frisch eröffneten Akademien – der Künste und der Wissenschaften – wurde zur imposanten Promenade. Die Charité – ein Spital fast im heutigen Sinne – wurde eröffnet, wie auch ein anatomisches Theater, eine Sternwarte und das Hatztheater, rund und elegant wie das Kolosseum. Die schönen Künste erlebten eine Blütezeit und die Kartoffel – damals noch »Erdapfel« – etablierte sich endlich mit großer Verspätung in den Herzen der Berliner: Man verzehrte sie gerne als Beilage (gekocht und mit Wein, Butter und Muskat gewürzt) oder briet sie in Scheiben. Torten ließen sich daraus »ungemein schön backen«, wie Chroniken berichten: Man mischte geriebene Erdäpfel, 10 geschlagene Eier, ein Viertel Pfund Zucker und Gewürze und fertig war der Kuchen, der wie Mandeltorte schmeckte.

Wir können nicht wissen, ob Johann Lysius Kartoffeltorte schätzte, ob er die vornehme Sternwarte besuchte oder den anachronistisch grausamen Circus. Aber er war zweifelsohne unter den Jubelnden, als der frischgebackene König in Preußen 1701 in seine Residenzstadt zurückkehrte – die feierliche Prozession zog unmittelbar an der Georgenkirche vorbei. Johann Lysius sah das Zeughaus fast so, wie wir es kennen, und er bewunderte die Kanzel von Andreas Schlüter in der Marienkirche, wie wir es heute tun.

Wo die sterblichen Überreste von Johann Lysius ruhen, ist unbekannt. Die alten Friedhöfe in unmittelbarer Nähe zum Königstor wurden allmählich mit Wohnblöcken bebaut und diese mussten ihrerseits Platz machen für die großen neuen Magistralen wie die heutige Otto-Braun-Straße.

Sie ist breit, die mittlere ihrer sechs Fahrspuren führt in einen unterirdischen Tunnel hinab, der den Verkehr auf der breiten Kreuzung entlastet. Wahrscheinlich wurden die fünf Epitaphien beim Bau dieses Tunnels im Jahr 1965 gefunden und gerettet. Warum ausgerechnet sie, und nicht sensationelle Bilder oder Schnitzereien?, habe ich mich anfangs gefragt. Inzwischen erscheinen mir diese fünf Epitaphien nicht weniger wertvoll als museumsreife Marmorengel oder Orgelpfeifen. Diese in rauen Stein gemeißelten Epitaphien sprechen für abertausende Biografien und Geschichten, die in der Erde unter dem Asphalt ruhen, in der gespenstischen Dunkelheit, da wo fahrende Autos geräuschlos verschwinden.

Anmerkungen

1 Im Streit verletzt er Ida mit einem hölzernen Sahneschläger mit Draht-spirale; sie stirbt später im Krankenhaus Friedrichshain an einer Rippenfellvereiterung.

2 Wenn man auf dem heutigen Stadtplan im Geiste die Münzstraße verlängert und parallel zum Bahnviadukt Richtung Einkaufszentrum *Alexa* zieht, kann man den Verlauf der alten Alexanderstraße rekonstruieren, die den Platz damals östlich abgrenzte.

3 Die unterirdischen Arbeiten wurden größtenteils vollendet, der Bau des oberirdischen Rondells geriet wegen der Weltwirtschaftskrise ins Stocken, von dem alternativen Plan wurden lediglich zwei Behrens-Häuser errichtet, aber erst später, 1930, als der Roman schon veröffentlicht, verfilmt und berühmt geworden war.

4 An dieser Stelle wurden unterirdische Passagen gebaut und die U-Bahn-Linie 5.

5 Ein Tabakkiosk ungefähr da, wo sich heute die Polizeistation befindet.

6 Walter Womacka (1925–2010) war für die künstlerische Gestaltung der Neubauten am Alexanderplatz verantwortlich. Er gestaltete den Wandfries »Unser Leben« am *Haus des Lehrers* (1964), den Brunnen der Völkerfreundschaft (1970) und das Kupferrelief »Mensch und Raum« am *Haus des Reisens* (1971). Er hat auch den Bau der Weltzeituhr von Erich John geleitet.

7 Das WC und der Bahnhof sind die einzigen Bauten auf dem Alexanderplatz, die ihren Ort und ihre Funktion durch das ganze letzte Jahrhundert beibehielten.

8 Kein Wunder, dass ein ungeübtes Auge die beiden Behrens-Bauten (1932) kaum von den restlichen Hochhäusern aus den Sechzigern unterscheiden kann.

9 Sie entstand als Verlängerung der Königsstraße, die vom Schloss am Rathaus vorbei zum Osttor führte und zu den ältesten Straßen Berlins zählt. Im Mittelalter hieß sie Oderberger Straße, dann Georgenstraße und seit 1701 Königstraße.

10 Viele Gefallene waren zufällige Opfer, wie Döblins Schwester Meta, die von einem Granatsplitter beim Milchholen getroffen wurde. Die Revolution schilderte Döblin in seinem Roman »November 1918«.

11 1783 nach Plänen des prominenten Architekten Georg Unger im Auftrag von Friedrich dem Großen gebaut, war das Haus wegen seiner mar-

kanten Verzierung bekannt: Seine Fassade wurde mit 99 Widderköpfen aus Stuck geschmückt, eine thematische Anlehnung an den nahe liegenden Viehmarkt und die Wollbörse.

12 In den sechziger Jahren leitete man den Verkehr vom Alexanderplatz auf die neue Karl-Marx-Alle um, die sich ursprünglich bis zur Karl-Liebknecht-Straße erstreckte. Erst seit 2007 heißt die sich an den Platz anlehnende Strecke Alexanderstraße. Ihr Verlauf auf dem heutigen Stadtplan sieht so aus, als habe man ein Drittel ihres ursprünglichen Bogens herausoperiert, begradigt und entlang des Hauses der Elektroindustrie wieder eingepflanzt.

13 Die Kaserne befand sich auf dem Areal zwischen der heutigen Memhardstraße und der Hirtenstraße, über die Mitte der Anlage verläuft die heutige Karl-Liebknecht-Straße, die damals nicht existierte. Als Verlängerung der Prenzlauer Alle ab der heutigen Torstraße Richtung Zentrum diente damals die Prenzlauer Straße, die direkt zum Bahnhof Alexanderplatz führte und nicht in die große Straße Unter den Linden mündete wie die neu gezogene Karl-Liebknecht-Straße.

14 Dahin wird er bald unseren braven Franz schicken, in die Dunkelheit »knüppeldick voll« mit Männern in Mützen. Die Münzstraße, die in die Alexanderstraße mündete, führte direkt zum Platz.

15 Heute ist Sergei Tschoban einer der erfolgreichen Architekten Deutschlands. Aus seinem Büro stammen dutzende ambitionierte Projekte, sowohl in Deutschland als auch in Russland. Noch länger als die Liste seiner Bauten ist die Liste seiner Auszeichnungen.

16 Ein symbolträchtiges Siegeszeichen gegen die Gotteshäuser, die in der gleichen Zeit wie Pilze aus dem feuchten Boden schossen und versuchten, mit den Kaufhäusern zu wetteifern – vergeblich.

17 Meine Rechercheversuche über die Herkunft der SOS-Hilferufe führten ins Nichts. Aus meiner Sicht waren diese Zettelchen nur ein gelungener Werbestreich. Schweiß, Tränen und Blut der Ausgebeuteten erwiesen sich als schmackhafte Soße, unter der man den Berlinern den Namen der Discount-Kette servierte.

18 Die Ahnen des heutigen Zirkus in anderen Städten nannte man Zwinger, Hetzgarten, Fechthaus, solche und ähnliche Namen sind in der Topografie unserer Städte immer noch präsent. In Königsberg, seiner zweiten Residenz, ließ Kurfürst Friedrich III. auch einen Hetzgarten errichten.

19 Nach der »Mohrenkaserne«, wo die schwarzen Musiker hausten, ist eine Straße in Berlins Mitte benannt. Auch ein Zeitgenosse des Soldatenkönigs, der russische Zar und Reformator Peter der Große, hatte einen

schwarzen Pagen. Der neunjährige Junge, vom russischen Gesandten auf dem Sklaven-Basar in Istanbul gekauft, wurde ein Patensohn von Peter. Er lebte lange und machte eine glanzvolle Karriere, wurde Generalmajor und Gouverneur; sein Urgroßenkel war Alexander Puschkin.

20 Diese Errungenschaft war eine kollektive Heldentat aller sowjetischen Lehrer, die in die entlegensten Winkel des Imperiums gingen, als Botschafter des neuen Jahrhunderts. Viele von ihnen riskierten ihr Leben, um Kindern den Zugang zu Bildung zu ermöglichen, und dieser Kampf für das neue Leben, für die Zukunft, war ein beliebtes Motiv der sowjetischen Literatur. Einige dieser Werke sind in die Weltliteratur eingegangen, so eine Novelle von Tschingis Aitmatow (1928–2008): »Der erste Lehrer«. In der Geschichte, die kurz nach der Revolution spielt, geht es um einen Mann, der versucht in einem kirgisischen Dorf eine Schule zu eröffnen und selbstlos für die Zukunft eines armen Mädchens kämpft, das zwangsverheiratet werden soll.

21 Sie befand sich in der heutigen Bernhard-Weiß-Straße, die früher Neue Königstraße hieß und weiter quer durch den Alexanderplatz zum Rathaus und zum Schloss führte.

Abbildungsnachweis

Zitierte Literatur

Bienert, Michael: Döblins Berlin, Literarische Schauplätze. Berlin 2017

Döblin, Alfred: Berlin Alexanderplatz. Die Geschichte von Franz Biberkopf. Frankfurt am Main 1980

Döblin, Alfred: »Östlich vom Alexanderplatz« in: Berliner Tageblatt vom 29. September 1923, zitiert nach: Jochheim, Gernot: Der Berliner Alexanderplatz. Berlin 2006. S 29 f.

Döblin, Alfred: Erster Rückblick. Marbach am Neckar 1998

Döblin, Alfred: Zwei Seelen in einer Brust. Schriften zu Leben und Werk. München 1993

Eik, Jan: Der Mittelpukt der Welt, in: Lamprecht, Günter (Hrsg.): Alexanderplatz. Geschichten vom Nabel der Welt. Berlin 2012

Fontane, Theodor: Von Zwanzig bis Dreißig. Frankfurt/Main–Berlin–Wien 1980

Frisch, Max: Aus dem Berliner Journal. Berlin 2014

Hessel, Franz: Spazieren in Berlin. Berlin 2012

Müller, Heiner: »Für alle reicht es nicht« Texte zum Kapitalismus. Berlin 2017

Ring, Max: Das Berliner Arbeitshaus, https://de.wikisource.org/wiki/Das_Berliner_Arbeitshaus (abgerufen am 20.9.2020)

Roth, Joseph: »Die Toten ohne Namen« in: Neue Berliner Zeitung vom 17. Januar 1923, zitiert nach: Bienert, Michael: Joseph Roth in Berlin. Köln 1996

Schneider, Wolfgang: Berlin. Eine Kulturgeschichte in Bildern und Dokumenten. Leipzig und Weimar 1983

Die Autorin

Nellja Veremej, geboren 1963 in der UdSSR, kam 1992 nach Berlin. Nach einigen Zwischenstationen als Sprachlehrerin, Altenpflegerin und Journalistin für den »Freitag« ist sie heute als freie Autorin tätig. 2013 erschien ihr Roman »Berlin liegt im Osten«, der auf der Longlist für den deutschen Buchpreis stand, 2016 dann ihr Roman »Nach dem Sturm«. Sie gewann zwei Preise bei dem Literaturwettbewerb Wartholz, wurde mit dem Chamisso- und Hölderlin-Förderpreis ausgezeichnet und war Stadtschreiberin in Magdeburg.

Mehr Berliner Orte!

In der Reihe »Berliner Orte« nähern sich ganz unterschiedliche Autoren mit ihrem jeweils eigenen Stil und Blickwinkel einem Teil Berlins, der für sie eine besondere Rolle spielt. Mal persönlich, mal historisch und immer ganz individuell zeigt sich so die Stadt in ihrer ganzen Vielfalt.

Jörg Albrecht
Der Kotti
ISBN 978-3-89809-129-9

Walter Benjamin
Stadt des Flaneurs
ISBN 978-3-89809-131-2

Brauseboys
Geschichten aus der Müllerstraße
ISBN 978-3-89809-108-4

Géza von Cziffra
Das Romanische Café
ISBN 978-3-89809-164-0

Tanja Dückers
Mein altes West-Berlin
ISBN 978-3-89809-122-0

Knut Elstermann
Meine Winsstraße
ISBN 978-3-89809-107-7

Egon Erwin Kisch
Zwischen Bettlern und Bohème
ISBN 978-3-89809-151-0

Nadja & Freya Klier
Die Oderberger Straße
ISBN 978-3-89809-140-4

Manfred Maurenbrecher
Künstlerkolonie Wilmersdorf
ISBN 978-3-89809-128-2

Hans Ostwald
Dunkle Winkel
ISBN 978-3-89809-121-3

Joachim Ringelnatz
Wie ein Spatz am Alexanderplatz
ISBN 978-3-89809-141-1

Rolf Schneider
Die Bölschestraße
ISBN 978-3-89809-120-6

Jörg Sundermeier
Die Sonnenallee
ISBN 978-3-89809-132-9

Kurt Tucholsky
Westend bis Köpenick
ISBN 978-3-89809-109-1

Andreas Ulrich
Torstraße 94
ISBN 978-3-89809-184-8

Volker Wieprecht
Zwischen Kreisel und Kleistpark
ISBN 978-3-89809-119-0

Torsten Schulz
Mein Skandinavisches Viertel
ISBN 978-3-89809-160-2